AF452177

Vers la Victoire

Impressions de la Guerre

de

1914-15

par

Un Fils d'Alsace

Le Droit est le souverain du monde.
MIRABEAU

ALGER
Imprimerie Algérienne
1915

1 fr. 25

Vers la Victoire

Vers la Victoire

Impressions de la Guerre

de

1914~15

par

Un Fils d'Alsace

Le Droit est le souverain du monde.
MIRABEAU.

ALGER

Imprimerie Algérienne

1915

TABLE

PRÉFACE

Dans la fièvre des événements extraordinaires qui se déroulent, et entraîné par l'enthousiasme qui depuis la déclaration de la guerre enivre et transporte la France tout entière, je me suis laissé aller à écrire un volume de vers : toujours abandonné à ce même enthousiasme, — chez personne il ne ralentit, — je décide de le publier.

Pourquoi ? pour la gloire ? — Oui, pour la gloire de la France.

Je ne sais ce que valent mes vers ; mais, sur mon âme, je réponds que l'émotion filiale et la rage heureuse que j'ai senties à les écrire ont du bon, et, dussent-ils n'être qu'un cri de plus perdu dans l'immense clameur des cent millions de : « Vive la France ! » qu'entendent chaque jour l'univers et le ciel, j'aurai au moins offert mon vœu à ma Mère et soulagé mon cœur.

Que si à mon humble poésie, outre sa brûlante tendresse et sa sincérité profonde, on veut bien concéder quelque mérite en tant que poésie ; si le présent livre obtient quelque faveur, ce me sera une récompense, un salaire, immérités peut-être, mais qui réjouiront, soutiendront en moi l'artiste, l'ouvrier, et m'encourageront à faire mieux et plus grand.

Mais, dira quelqu'un, à quoi songez-vous ? Que ve-
nez-vous nous parler ici vers, art et poésie ? Votre
livre clos, avez-vous oublié déjà en quel temps nous
vivons ? Rouvrez-donc les yeux, prêtez donc l'oreille :
n'entendez-vous point le bruit des canons tonnant sur
la frontière, le roulement des salves, la clameur de la
bataille, les cris des combattants, les râles des mourants
et le pas des bottes barbares profanant le sol sacré de
la Patrie ? Ne voyez-vous pas cette prodigieuse ligne
noire, — mobile et grouillante comme une hydre, gron-
dante comme un océan en furie ou un orage sur les
monts, ardente comme un enfer, — qui s'allonge des
Vosges à la mer et dont les replis immenses laissent partout un affreux désert ? Ne voyez-vous pas que vers cette
ligne magique et fatale, — dont l'avance ou le recul
marque notre destin. — sont tournés tous nos regards,
dirigés tous nos vœux, tendues toutes nos âmes et con-
centrées toutes les forces vives de la nation ; ne voyez-
vous pas, de l'Alpe à l'Océan et de la Provence au Finis-
tère, tous ces régiments en marche vers le même but,
tous ces trains roulant sans fin dans la même direction,
avec leurs wagons bondés d'hommes, d'armes, de che-
vaux et de munitions; et, de cette rive d'Afrique, — de
cette rive paisible où vous avez le bonheur de vivre, —
ne voyez-vous pas chaque jour cingler vers les mêmes
ports les paquebots géants, avec tous leurs ponts, en-
treponts et agrès surchargés à sombrer de ces milliers
de soldats que l'Algérie, cette fille magnanime, enfante
et envoie au secours de la Mère-Patrie ? — Ne vous
apercevez-vous pas que tout est fièvre, ardeur belli-
queuse, effort, action autour de vous ; en un mot ne
sentez-vous point que nous n'avons que faire des

rêveurs ? — Poètes, votre tour viendra : attendez à demain !

Si fait, je vois, j'entends, je sais.

Mais aussi ce que je sais bien c'est que la France est victorieuse : ce que je sais, c'est que la plus grande bataille de toutes les histoires, nous l'avons gagnée, et que dès lors nous pouvons tout attendre de nos incomparables armées de 1915 et des vaillants Alliés, qui combattent avec elles ; — ce que j'entends, c'est cet universel murmure d'allégresse, pareil aux bruits de l'aurore, encore discret, encore contenu, mais qui tantôt explosera en hymne éclatant de victoire, en un hosanna tel que le ciel n'en a point encore entendu; — ce que je vois, c'est ce *demain* dont vous me parlez.

Examinons.

De quoi ce grand *demain*, ce lendemain de victoire sera-t-il fait ? quelle âme, quelle pensée, quel spectacle ?

Belle question ! Eh, parbleu ! nous serons fiers, nous serons joyeux; nous serons heureux !

Nous serons fiers : la grande France triomphante aura repris sa place dans le monde ; verts de jeunes lauriers nos drapeaux nous auront ramené notre honneur ; nous aurons recouvré nos frontières, désarmé nos ennemis et accompli le triomphe de la Justice et du Droit.

Nous serons joyeux : les captifs auront été délivrés, l'Alsace et la Lorraine rendues à la Mère-Patrie ; tous les Français seront français ; la Pologne, la Belgique, la Serbie, le Monténégro, l'Arménie, etc., tous les opprimés, tous les faibles seront tranquilles et libres : tous les Slaves seront slaves, tous les Grecs seront grecs, tous les chrétiens seront chrétiens ; tous les torts auront

été réparés, toutes les chaînes brisées, toutes les geôles
anéanties.

Nous serons heureux : la Paix se lèvera sur nous et
de ses rayons bienfaisants cicatrisera nos blessures.
Un avenir vaste et magnifique de concorde et de travail
s'ouvrira pour le monde ; alors la Vie, alors les Arts,
alors les Sciences bienfaisantes, alors l'Agriculture, le
Commerce et l'Industrie, comme le blé dans un humus
vierge, regermeront et fleuriront splendidement sur un
sol fécondé par la guerre même ; alors tous les esprits,
toutes les bonnes volontés, tous les bras s'emploieront à
ce grand œuvre commun qui s'appelle *Progrès* et au-
trement *Bonheur de l'Humanité*.

Eh bien, à votre tour, bonnes gens, ouvrez les yeux :
voyez-vous pas que ce grand *Demain*, ce *Renouveau*
superbe est déjà en germe partout ? gloire, labeur, justice, avenir, n'entendez-vous pas que tous ces grands
mots, témoins de grandes réalités, volent et bourdon-
nent de tous côtés autour de vous, répétés de toutes
les lèvres et tracés par toutes les plumes ? Ne compre-
nez-vous pas que, tandis que nos infatigables soldats
poursuivent leur glorieuse tâche, l'impérissable Espérance renaît parmi nous et nous attèle à l'Avenir ? Ne
sentez-vous pas que *Demain* est déjà commencé ?

Et maintenant ouvrez mon livre. Ce n'est qu'une
ébauche : mais qu'y voyez-vous autre chose ? La gloire
de la France, la grandeur de ses destinées, — l'héroïsme
et la vigueur de la race qui en sont les garants, — la foi
dans l'Avenir et le Progrès, la confiance dans la justice
de Dieu, — triomphe des bons et châtiment des coupables, — voilà ce que j'ai voulu chanter, inspirer, démon-
trer. Devais-je différer, le pouvais-je ? Ai-je tort de

jeter dès cette heure mon livre dans la mêlée, ma pâte dans le creuset, mes espérances dans la tourmente ?

Demandons la réponse aux millions de héros, qui là-bas sur le front (si bien nommé puisque là réside la pensée de la France), demandons à ces braves enfants quel est le devoir de ceux qui n'ont pas l'honneur de porter les armes : « Nous qui mourons, s'écriront-ils d'une voix, nous vous adjurons, vous qui restez, de *vivre*, de ramasser et ranimer *le Flambeau* et de le protéger du vent de la mort, qui souffle si fort en ce moment : VIVEZ, c'est pour cela que nous mourons, et c'est ce que vous ordonne ce cri triomphant, qu'en tombant pousse chacun de nous : « VIVE LA FRANCE ! »

Alger, avril 1915.

I

Le Jour de la Justice

La revendication de nos droits reste à jamais ouverte à tous et à chacun dans la forme et dans la mesure que notre conscience nous dictera.

Nous vous suivrons de nos vœux et nous attendrons, avec une confiance entière dans l'avenir, que la France régénérée reprenne le cours de sa grande destinée.

Vos frères d'Alsace et de Lorraine, séparés en ce moment de la famille commune, conserveront à la France absente de leurs foyers une affection filiale, jusqu'au jour où elle viendra y reprendre sa place.

(Déclaration des Représentants de l'Alsace et de la Lorraine à l'Assemblée de Bordeaux.   1ᵉʳ mars 1871).

Enfants de l'Alsace, après 44 années d'une douloureuse attente, des soldats français foulent à nouveau le sol de votre noble pays ! Ce sont les premiers ouvriers de la grande œuvre de la revanche.

Le Général en chef des Armées françaises, JOFFRE.

Il est enfin venu le jour expiatoire,
Il est venu ce jour si longtemps attendu
Qui doit aux conquérants ôter leur vaine gloire,
Et rendre à nos drapeaux l'honneur qu'ils ont perdu.

Il est enfin venu le jour de la Justice,
Que le ciel rigoureux, — parfois lent à punir,
Mais toujours sûr qu'enfin sa vengeance aboutisse, —
Avait pour ses desseins marqué dans l'avenir.

Il est enfin venu le jour de la Victoire, —
Après les jours d'erreur, d'impuissance et de deuil, —
Où l'âme du Français, se reprenant à croire,
S'emplit de mâle ivresse et de sublime orgueil ;

Il est enfin venu le jour de la Revanche,
Le grand jour si terrible et sacré par le sang,
Où la France, dressant son triste front qui penche,
Brave ses ennemis et lève un bras puissant ;

Le jour de l'allégresse et de la délivrance,
Où, sur le Rhin français enfin poussant nos pas,
Au « wer da ! » détesté nous répondons : « la France ! »
Où nos frères captifs nous ont rouvert leurs bras ;

Où de Metz et Strasbourg, les cités violées,
S'envolent sans retour la honte et les douleurs,
Sachant que sur leurs tours, naguère désolées,
Vont bientôt pour jamais flotter nos trois couleurs.

C'en est fait ! Maintenant il n'est plus de frontière,
Il n'est plus de conquête, il n'est plus de traité :
L'espérance est rendue aux vaincus tout entière,
Leur butin aux vainqueurs est toujours disputé.

Les défis sont rouverts : honneur, force, vaillance,
Sont nouveaux pour chacun, et le passé n'est plus.
Tout est en question. Voici que la balance
Rétablit à niveau ses bras irrésolus.

D'un inique traité, mais que sa signature
Aux regards de la France avait rendu sacré,
Notre ennemi lui-même a voulu la rupture ;
C'est lui-même qui l'a de sa main déchiré.

Voici que largement et soudain se desserre
Le vieux lien cruel qui ligotait nos sœurs,
Et que le ravisseur soudain rouvre sa serre,
Comme un vautour qui voit s'approcher les chasseurs.

Désormais la parole appartient à l'épée.
Nos seuls arbitres sont baïonnette et canon.
Eux seuls ramèneront la victoire usurpée,
Eux seuls sont écoutés, eux seuls auront raison.

Eh bien ! Vive la guerre et vivent les alarmes !
Marchons ! Puisque le droit appartient au plus fort,
O frères, nous ferons si bien parler nos armes,
Nos bras serons si bons que nous n'aurons pas tort !

Allons ! frères ! La France est là qui nous appelle.
La France est en danger, volons à son secours.
Aux armes ! Tous debout, et tous unis pour elle :
Notre force et nos bras sont notre seul recours.

N'ayons plus désormais qu'une même pensée,
Et tournons au dehors, en ce jour solennel,
Notre ardeur batailleuse en vains mots dispersée :
N'ayons qu'un seul élan immense et fraternel.

D'ailleurs nul n'a le droit de rester en arrière,
Il n'est plus qu'un devoir et le même pour tous :
Oui, la guerre est impie, absurde et meurtrière,
Mais notre cause est juste et le droit est pour nous.

Le droit nous le tenons, d'une assurance entière,
De l'ennemi sans foi, de l'agresseur brutal,
Qui vient, en pleine paix violant notre frontière,
Nous ravir nos foyers et notre sol natal.

Le droit nous est donné par la première épée
Luisant hors du fourreau pour braver notre honneur ;
Par le premier assaut, la première équipée
Foulant sous l'éperon le champ du moissonneur ;

Par le premier soldat expirant pour la France,
De qui le sang vermeil, sur la terre épanché,
Du pays tout entier appelle la vengeance...
Par le premier poteau de frontière arraché !

(Paris, 4 août.)

II

BALLADE

France chérie

ou

Le Bonheur d'être Français

Le plus beau pays après celui des cieux.
STRABON.

I

Une lumière douce et blonde,
Un air subtil, un ciel léger ;
Une terre aimable et féconde
Où vient la vigne, l'oranger :
Une race forte et rieuse
Qui d'une langue harmonieuse
Dit ses amours ou ses succès :
Voilà ton lot, France chérie !
C'est là ton charme, ô ma Patrie !
Ah ! qu'il fait bon d'être Français !

II

Parmi les peuples de la terre,
Certes, plus d'un s'en trouverait,
De mœurs, d'esprit, de caractère
Qui te ressemble et me plairait :
Mais te quitter t'ayant connue ?
Plutôt savoir l'heure venue
D'aller parmi les trépassés !
Nul n'a ton cœur, France chérie !
Nul n'a ton âme, ô ma Patrie !
Ah ! qu'il est doux d'être Français !

III

Dès qu'un fléau frappe ce monde :
Las ! que de maux par lui soufferts !
Plongeant dans une nuit profonde
Ou quelque peuple ou l'univers,
C'est vers ta flamme et ta lumière,
Comme les poussins vers leur mère,
Qu'ils viennent tremblants et pressés :
Tu les reçois, France chérie !
Tu les défends, ô ma Patrie !
Ah ! qu'il est beau d'être Français.

IV

Pourtant, qu'un de ces téméraires
Qui vont foulant justice et loi,
Caïns sanglants tuant leurs frères,
Ose porter la main sur toi,
Alors tu te dresses farouche,
Et, dès que ton glaive les touche,
Tes ennemis sont dispersés :
Tu ne crains rien, France chérie !
C'est là ta gloire, ô ma Patrie !
Ah ! qu'il est grand d'être Français !

III

Salut ! petit Soldat de France !

I

Salut ! petit soldat de France !
Petit... d'orgueil et grand d'espoir,
Qui sans bravade ni jactance,
Comme aussi bien sans défaillance,
Fais jusqu'au bout tout ton devoir !

L'heure est suprême, magnifique.
Honneur à toi ! L'Humanité
T'admire en cette lutte épique,
Et ton sacrifice héroïque
Te conquiert l'immortalité !

Refoule au loin la barbarie ;
Du monde défends le bonheur !
Pour toi l'Europe entière prie,
Mène au triomphe la Patrie,
Et la République à l'honneur !

II

Est-il besoin qu'on te le dise
A toi qui sens, qui comprends tout ?
Pour que l'ardeur à ton front luise,
Que la Victoire te conduise,
Que tu la suives jusqu'au bout :

En combattant sur la frontière
Le cher trésor que tu défends,
Ce n'est pas seulement ta terre,
Ton toit, ton bien, ta sœur, ta mère
Et ton épouse et tes enfants ;

Ni ta province et son langage,
Ton champ, ta plaine, ton coteau,
L'humble clocher de ton village,
Sur l'océan le port, la plage
Qui, pêcheur, berce ton bateau ;

Ni la Patrie à tous si chère,
En qui nous sommes tous nourris,
Cette grande âme familière,
Qu'éclairent Corneille et Molière,
Qu'ont faite tous nos grands esprits ;

C'est tout cela, c'est plus encore :
Ce sont, éternels et sacrés,
Les Droits dont l'Homme se décore :
C'est cette étoile qu'il adore,
Et que l'on nomme le Progrès ;

C'est l'amitié croissante et forte,
Qui parle aux peuples, met entre eux
Une aide qui les réconforte,
Et qui dans les dangers les porte
Vers le faible ou le malheureux ;

C'est la Raison, c'est l'Équilibre
Qui dit : « Arrête ! » au conquérant :
C'est, pour tout peuple où l'honneur vibre,
La Vérité qui le fait libre,
La Justice qui le fait grand !

III

Salut ! petit soldat de France !
Petit d'orgueil et grand d'espoir,
Qui sans bravade ni jactance,
Comme aussi bien sans défaillance,
Fais jusqu'au bout tout ton devoir !

L'heure est suprême, magnifique.
Honneur à toi ! l'Humanité
T'admire en cette lutte épique,
Et ton sacrifice héroïque
Te conquiert l'immortalité !

Refoule au loin la barbarie ;
Du monde défends le bonheur !
Pour toi l'Europe entière prie.
Mène au triomphe la Patrie,
Et la République à l'honneur !

IV

STANCES

DÉDIÉES A M. MAURICE BARRÈS

Aux Allemands

> La foudre vient d'abattre le Peu-
> plier d'Iéna dont le tronc centenaire
> commémorait la lutte soutenue con-
> tre Napoléon.
>
> (2 *août* 1914.)

Non ! vous avez beau faire et vous avez beau dire,
Ce Dieu, maître du Sort, il n'est pas avec vous !
Il trouble votre azur, contre vous il conspire,
Et vous voyez tomber déjà sur votre empire
Un terrible tonnerre où gronde son courroux !

L'Europe par vous seuls est livrée aux alarmes,
Et sa paix, son bonheur à vos lois sont soumis ;
Votre orgueil est sans frein, mais déjà tous en armes,
Résolus à venger leurs maux, leur sang, leurs larmes,
Vingt peuples contre vous dressent vingt ennemis.

Sur le glaive insolent où votre espoir se fonde
Et dont votre despote insulte à l'univers,
Une lueur flamboie, il est vrai ; mais le monde,
Pour qui brille en ce jour la vérité profonde,
N'y voit que le reflet de vos prochains revers !

Vous avez beau parler de justice divine,
Dire qu'à la servir votre bras est voué :
Chacun sait maintenant où votre gloire incline ;
L'or est votre idéal, votre but la rapine,
Insensés ! vous l'avez vous-mêmes avoué.

Et ce glaive, honteux, tiède et sanglant encore,
Ce glaive d'un sang pur encor mal essuyé,
O crime inexpié que l'univers abhorre,
Pour la seconde fois traître se déshonore
D'un sinistre attentat dans la nuit essayé.

Et vous croyez que Dieu vous aime et vous protége ?
Qu'à vos lâches complots sa clémence a souri,
Et que sa Providence, à ses lois sacrilège,
Des maux qu'il va semant admirant le cortége,
Donne à votre kaiser un regard attendri ?

Ha ! plutôt du vautour il bénirait la serre,
Lorsque de la colombe il déchire le flanc ;
L'arme du meurtrier, le poignard du corsaire
Ou le large atagan dont l'affreux janissaire
De la vierge chrétienne empourpre le col blanc !

Non ! vous aurez beau dire et vous aurez beau faire,
Ce Dieu juste et vengeur ne sera point pour vous !
Non, traîtres ! mais sur vous fixant un œil sévère,
Sa main va secourir le peuple qu'il préfère,
Le guider, le sauver, et ce peuple c'est nous !

Oui ! bientôt, Allemands, vous saurez ce qu'il coûte
De provoquer la France, et ce jour n'est pas loin.
Et toi, fourbe césar, tu connaîtras sans doute
Que Dieu, lorsqu'un roi parle, en se penchant l'écoute,
Et que de ton forfait tu l'as pris à témoin.

Tremble! Tremble, oppresseur! Son bras vengeur s'avance!
O despote! sa main s'appesantit sur toi!
Oui, ta raison s'égare et c'est là ta sentence :
Car c'est toujours ainsi qu'opère sa vengeance
Quand il condamne un homme ou qu'il veut perdre un roi.

Déjà l'Autrichien à la tête démente,
Complice obéissant dont tu poussas le bras,
Voit la chance tourner et poindre la tourmente,
Où contre un même roc à la cime écumante,
Sur une même nef toi-même sombreras.

Ainsi nous allons voir expirer sur son aire
Ton horrible Aigle noir que la mort couronna,
Et s'écrouler sa gloire aux éclats du tonnerre,
Comme hier on a vu choir le trône centenaire
Par la foudre touché de l'Arbre d'Iéna.

Gloire au Dieu tout-puissant, et qui rend à la France
Ses antiques vertus et son glaive de feu!
Gloire à Dieu qui finit notre longue souffrance!
Gloire à Dieu qui nous donne aujourd'hui l'espérance
Et la force, et demain le succès, gloire à Dieu!

(Paris, 3 août.)

V

Dies iræ

Oui, le ciel qui nous aide, à des signes certains,
Nous marque son amour, nous promet la victoire,
Tandis que sur leurs fronts touchés par les destins
De moments en moments s'obscurcit l'ombre noire.

Là-bas gît, noir tison, par la foudre détruit,
Le Peuplier d'Iéna : pour nous tiède et sans voiles,
Ce premier soir de guerre est une calme nuit,
Et notre Arc Triomphal est couronné d'étoiles !

(En passant place de l'Etoile le 2 août, minuit)

VI

CHANSON

Monsieur de Schoen

> « Je vous en prie, faites bien mon
> « charlatan et prenez du meilleur or-
> « viétan et du bon or pour dorer vos
> « pilules. »
> (Frédéric II à Podewils).

Monsieur de Schœn est trop poli,
Vraiment il aime trop la France !
D'un galant homme il a le pli !
Partir lui semble une souffrance,
Il ne veut point nous faire offense :
Monsieur de Schœn est trop poli !

Monsieur de Schœn a trop bon cœur !
Son empereur nous fait la guerre :
Lui n'en croit point son empereur,
On nous répond qu'il n'y croit guère.
Soyons sans trouble et laissons faire.
Monsieur de Schœn a trop bon cœur !

Monsieur de Schœn est trop poli !
Les Prussiens passent la frontière,
La guerre est un fait accompli :
Bah ! la nouvelle est mensongère !
La Prusse tire la dernière.
Monsieur de Schœn est trop poli !

Monsieur de Schœn a trop bon cœur !
Voyant que sa tendresse est vaine,
Que sa présence fait horreur,
Pour ne nous point faire de peine,
Il part l'âme de regret pleine.
Monsieur de Schœn a trop bon cœur !

(4 août.)

VII

Les Exploits de Guillaume II

Sous le schako hideux des Hussards de la Mort,
Ce nouvel Attila, — plus sinistre et moins fort,
Abandonné de Dieu, honni par la victoire,
A force de forfaits pense étonner l'histoire,
Moins brave qu'un bandit qui guette au coin d'un bois,
Il se croit un héros et provoque à la fois,
Dans un large défi qui tient toute la terre,
La Russie et la France et la noble Angleterre,
La Belgique au sang vif, la Hollande au cœur fier,
Et leur dit : « Tremblez tous, car je suis le Kaiser :
Dieu veut rendre par moi l'humanité meilleure,
Je vais purger la terre, il est temps, voici l'heure ! »

Et voilà cet hercule étalant ses exploits !
Peuples, admirez-le : vous aviez fait des lois,
Conquête par le temps prise à la barbarie,
Où le droit, un pour tous, vous joint et vous marie :
Il les viole ; il bouscule et pousse triomphant
Le petit Luxembourg, faible comme un enfant :
La Belgique résiste ? on se prend à cent mille
Pour enlever un pont ou forcer une ville ;

Tantôt, pour ajouter le comble à la grandeur,
On gifle une princesse ou quelque ambassadeur ;
Tantôt, pour mieux prouver qu'on est partout le maître,
On fusille un enfant, on assassine un prêtre ;
Lunéville surpris reçoit du haut des airs
Trois bombes ! — On triomphe, on est grand sur les mers :
Comme un succès naval est aussi nécessaire,
On s'approche la nuit du bord comme un corsaire,
On lâche un feu roulant sur un port endormi,
Puis on se sauve en hâte et loin de l'ennemi !

(7 août.)

VIII

Quand un fils généreux de la sublime France,
Après vingt jours ardents d'héroïque souffrance,
Se sent percé soudain au milieu du combat
Du traître coup fatal qui le dompte et l'abat,
S'il voit qu'il ne peut plus se lever de sa chute
Pour regagner son rang et reprendre la lutte,
Il suit des yeux les siens avide et frémissant
Et les voyant de loin pleure d'être impuissant.
Mais sa noble rancune est loin d'être assouvie.
Il demande à son Dieu de lui sauver la vie,
Et si ce Dieu clément lui donne de guérir,
Il retourne au combat, voulant vaincre ou mourir !

IX

La Race

I

ÉCRIT EN 1910

> Où donc en sommes nous ?...
> PAUL DÉROULÈDE.

Ainsi le temps s'écoule, et, d'année en année,
S'en vont au fil des jours revanche, espoir, serment !
Le vautour allemand de sa griffe acharnée
Tient sa proie, et sans peur l'étouffe lentement !

Honte aux lâches vainqueurs ! — Espère en nous, Patrie,
L'occasion viendra !... — Quarante ans sont passés,
La sœur alsacienne est captive et flétrie,
Nos bras sont désarmés, nos poumons sont lassés !

Après ces cris vengeurs quel effrayant silence !
Quel ciel sinistre et noir depuis ces sombres jours.
La bravoure et l'honneur ont-ils quitté la France ?
Le lion de Belfort se taira-t-il toujours ?

Quarante ans ce fardeau de honte et de misère,
Tes épaules, Français, quarante ans l'ont porté.
Si le temps l'alourdit, pour quand donc ta colère ?
S'il s'allège, malheur à ta postérité !

Pauvre France trahie et qu'on voue à la fange,
Si tes fils révoltés ne lavent tes affronts,
Si don Diègue n'a plus sa race qui le venge,
Si la rougeur du tien ne brûle plus leurs fronts,

C'en est fait ! Le fléau qui désole ce monde,
La guerre sous les flots des peuples belliqueux
Balaira les débris de ta race inféconde,
Et, poussant les plus forts, l'accablera sous eux.

Hélas ! j'en connais un qui, jaloux et perfide,
Épiant tes destins rêve la trahison :
Oui ! sur nos plaines d'or fixant un œil avide,
Le Prussien tout armé grandit sur l'horizon.

N'entendant plus nos cris de mort et de vengeance,
Voyant de quel sommeil s'endort ta nation,
Comme un tigre alléché, pas à pas il s'avance,
Il te guette, il attend aussi l'occasion.

Il aiguise ses crocs, il tient ses griffes prêtes :
Il exerce au combat son rein souple et dispos :
Lui, le vainqueur, le fort, il rêve de conquêtes ;
Nous, satisfaits, sereins, nous goûtons le repos !

Seule de nos aînés la voix mâle et profonde
Sur ce peuple assoupi vibre encor de courroux.
— Est-ce sur nos aînés que l'avenir se fonde,
Eux que déjà la mort décime parmi nous ?

Aimons-les ces grands cœurs, ces esprits tutélaires
Que le sort a frappés, mais n'a point abattus ;
Admirons ces lions aux durables colères :
Phalange de héros qui garde nos vertus !

Mais quoi ! leur mâle appel qui toujours vibre et gronde
N'a-t-il donc, jeunes gens, plus d'échos parmi vous ?
Le verrons-nous toujours, sans que rien lui réponde,
Comme un bruit au désert s'éteindre parmi nous ?

Lorsque leur grande voix qui nous protège encore
Dans la tombe éteindra sa haine et sa douleur,
Qui donc en notre nuit nous montrera l'aurore,
Qui donc nous sauvera dans nos jours de malheur ?

Faut-il dire en voyant nos vaillances décrues,
Notre opprobre oublié, notre sort incertain,
Songeant aux nations éteintes, disparues,
France, ô belle patrie, est-ce là ton destin ?

II

1913

> Nous les vaincrons, nous les vain-
> crons !
> PAUL DÉROULÈDE.

> Or nous sommes de la race des
> Français qui ne supportons pas l'of-
> fense.
> CH. PÉGUY,
> Mort au Champ d'Honneur.

Non ! sous l'azur des cieux la France est immortelle.
Sombre, d'amers regrets l'assiègent aujourd'hui,
Mais pour la relever il suffit d'un coup d'aile.
Déjà le vent se lève et d'autres jours ont lui !

A ses plus jeunes fils qui s'éveillent la gloire
Tout heureuse bientôt va rouvrir ses chemins :
« Allons, frères, debout ! C'est en nous qu'il faut croire,
Disent-ils, « l'avenir doit sortir de nos mains.

« Secouons, il est temps nos paresses étranges !
« Levons-nous, armons-nous et rendons au soleil
« Tous nos vieux étendards aux glorieuses franges,
« Dont chaque pli pour nous porte un mâle conseil !

« Allons ! que ces Français, qu'un barbare mutile,
« Mais qui fidèlement nous gardent tous leurs vœux,
« Sachent que leur amour ne fut pas inutile
« Et d'un pas lent mais sûr que nous marchons vers eux !

« N'écoutons que la voix qui nous dit : espérance,
« Et que les plus ardents et les plus résolus,
« Embouchant ces clairons qu'a tant aimés la France,
« D'un hymne tout-puissant réveillent ces vaincus !

« Quels aveugles ont dit : « Le Français dégénère,
« Ce sont les derniers jours d'un peuple à son déclin ? »
« Allons donc ! Notre France est toujours cette terre
« Qui fit naître jadis Bayard et Duguesclin.

« Formons une avant-garde et passons monts et plaines
« Portant l'amour au cœur avec l'audace au front :
« Le vieux sang des Gaulois bout toujours dans nos veines,
« Pour un qui partira, mille bientôt suivront ! »

.

III

1914

> Unissez-vous tous pour le salut
> public et pour rester une nation indé-
> pendante.
>> NAPOLÉON I{er} : Abdication.

> Le barreau comme le magasin, l'u-
> sine comme le club.
>> M. LLOYD GEORGE.

A l'appel des clairons ils se sont tous levés !
Des bords de la Provence aux côtes de Bretagne,
L'enfant de l'océan comme de la montagne,
Le rustre du village et le gueux des pavés,

Le forgeron calleux penché sur son enclume,
Le laboureur hâlé courbé sur le sillon,
Le jeune homme élégant et le pauvre en haillon,
Qu'ils eussent pour outil la truelle ou la plume.

Tous, surpris au labeur que le canon troubla,
Entendant tout à coup le signal des alarmes,
Mus du même ressort ont bondi sur leurs armes
Et, volant aux drapeaux, ont crié : « Nous voilà ! »

Et quittant leurs enfants, leurs mères et leurs femmes,
Leur maison et leur champ, trésor laborieux,
Sans soupir, sans regret, sans regard derrière eux,
N'écoutant que leur rage et l'élan de leurs âmes,

Vers l'Est et vers le Nord ils se sont rués tous,
Cœurs unis, coude à coude en légion pressée,
N'ayant plus qu'un seul vœu, qu'une même pensée,
Qu'un but et qu'un désir et qu'un même courroux.

Et, faisant un rempart de leurs mâles poitrines,
Ils unirent si bien leurs bras et leurs efforts
Que, pourtant moins nombreux, ils furent les plus forts,
Et que l'envahisseur repassa les collines !

X

Mater dolorosa

Aux maux de la patrie
Chacun trouve en son cœur
Une place meurtrie
Où saigne sa douleur ;

Qu'une mère chérie
Souffre quelque malheur,
Notre âme endolorie
Renonce à tout bonheur :

De tendresse et de zèle
Ses fils luttent près d'elle
Pour la mieux consoler,

Et, s'il lui faut la vie,
D'une jalouse envie
S'offrent pour s'immoler.

XI

ODE

La Libération de la Pologne

C'est la Pologne et son peuple fidèle
Qui tant de fois a pour nous combattu.

BÉRANGER, 1830.

Non la fausse Russie de l'allemande
Catherine, mais la vraie Russie du
czar Paul, bonne, sensible, généreuse,
amie du droit, de la justice, et voulant
par tout sacrifice faire triompher la
justice en ce monde.

MICHELET.

Gloire au Libérateur ! Salut à la Pologne !
Vents prenez votre essor, quitte la tour, cigogne :
Franchissez d'un vol prompt le Danube et le Rhin,
Et vous troupe farouche, augustes Renommées,
Rouvrant vos ailes d'or, hélas ! longtemps fermées,
Envolez-vous, sonnez dans vos clairons d'airain,

Et par delà les champs, les plaines et les villes,
Les océans amers, les montagnes fertiles,
    Par les deux continents
Annoncez la nouvelle à tout peuple, à tout homme,
Et répandez le nom dont ce grand roi se nomme
    Jusqu'aux cieux rayonnants !

Dites-leur que ce roi, dont la tête est bénie,
Inspire à tout son peuple une crainte infinie,
Qu'il est le plus puissant des rois de l'univers,
Que, grâce à sa pitié, la Pologne asservie
A recouvré pourtant sa liberté ravie
Et lève au ciel ses bras débarrassés des fers ;

Dites, pour que chacun l'aime autant qu'il l'admire,
Que pour le prisonnier dont finit le martyre
        Nul n'est intervenu ;
Qu'il n'eut pour conseiller, pour guide et pour parole,
Que son cœur généreux et la Croix, par symbole,
        Dont il s'est souvenu :

Qu'en ces jours de noblesse et d'aide fraternelle,
Où luit d'un feu plus vif la justice éternelle,
Où l'intérêt des rois par elle est surmonté,
Il voulut entre tous être grand sur son trône
Et, d'un diamant rare étoilant sa couronne,
Par un bienfait sans prix signaler sa bonté !

Volez donc, messagers, fuyez à tire d'aile !
Semez partout son nom, répandez la nouvelle
        Aux quatre points des cieux :
Ajoutez-y ceci qui hausse et qui décore
La grandeur du bienfait et pour nos yeux encore
        Le fait plus précieux :

Qu'après avoir longtemps maudit son esclavage,
Et contre ses geôliers, hélas ! usé sa rage,
Le captif s'était tu, qui s'était laissé choir,
Las de rebellions et d'efforts sur sa couche,
Ne gardant que sa haine et la flamme farouche
Qu'aux généreux vaincus donne le désespoir ;

Apprenez-leur, oh ! gloire à ce czar magnanime !
Que ce peuple opprimé n'était pas sa victime,
        Qu'il le reçut ainsi
De la main de son père avec son héritage,
Son père, qui lui-même autrefois en partage
        L'eut de son père aussi !

II

Et toi, Pologne généreuse,
O chevalier ressuscité
Dont l'âme noble et valeureuse
Reluit d'amour et de bonté,
A ton grand cœur toujours fidèle,
Accède à la paix où t'appelle
La Russie, en acceptant d'elle,
Un tel bonheur tant souhaité,
Souris à ta libératrice
Et baise la main bienfaitrice,
La main douce et consolatrice
Qui t'a rendu la liberté.

Reçois de cette main loyale
Ton glaive antique rajeuni ;
Souris à la grâce royale
Par où ton supplice est fini ;
Qu'au beau jour de la délivrance,
Oubliant tout, larmes, souffrance,
Chaînes et maux sans espérance
Et le cachot d'où tu reviens,
Tu dises : « Oui, l'heure est sonnée
Où ma torture est pardonnée,
Et voici la seule journée
Dont désormais je me souviens ! »

Car c'est l'instinct de ta nature
D'être grande et de pardonner ;
Car ta bonté sereine et pure
Jamais ne se laisse étonner ;
Car tel l'azur après l'orage
Se montre calme et sans nuage,
Dans ton cœur où l'amour surnage
Ta douceur n'a ni fond ni fin ;
Car ton génie est sympathique,
Car ta grande âme est prophétique,
Elle a l'amour pour viatique
Et marche vers un but divin.

Dis donc à la noble Russie
Dont le vrai cœur s'est révélé :
— Avec toi, sœur, je m'associe :
Mon sort au tien reste mêlé,
Mais ce n'est plus par une chaîne,
Par la contrainte ou par la haine
Que ma main s'attache à la tienne :
Non, c'est par un lien plus dur
Dont rien n'égale la puissance
Faite de la plus rare essence,
Ma sœur, c'est ma reconnaissance :
C'est le plus fort et le plus sûr.

Que désormais vos deux épées
Heureuses, fières de s'unir,
Au même idéal occupées
Travaillent au même avenir.
L'heure est propice, solennelle :
Scellez votre aide fraternelle.
Votre sort se confie en elle
Dans les périls qui vont s'offrir :
Sauvez l'honneur et la patrie ;
Vous êtes la chevalerie
Luttant contre la barbarie.
En selle ! le champ va s'ouvrir !

III

Arrête un seul instant au seuil de ta carrière
Tes pas impatients, ô ma belle guerrière !
Fais trêve pour un temps à l'ardeur de tes vœux,
Et regarde, foulant ta route radieuse,
Quel est ce cavalier dont la marche orgueilleuse
Dans la gloire du jour resplendit à tes yeux :

C'est vers toi qu'il accourt : quelle noble stature !
Vois, son éperon d'or pique au flanc sa monture
Qui bondit sous l'insulte et fièrement hennit ;
Son armure est en sang, de terribles entailles
Faussent en maint endroit l'acier clair des batailles
     Que la poudre ternit.

Mais, que vois-je ? Une tresse à sa nuque frissonne...
Et son sein rebondi...   Quelle est cette amazone,
Et que vient-elle faire à cette heure, en ce lieu ?
Que veut cette guerrière et d'où vient cette femme ?
Partout règne la mort, et l'horizon en flamme
Étend un voile noir sur les villes en feu !

A voir ses bras meurtris et sa lance souillée,
Elle sort d'un combat dont l'ardente mêlée
A tous les combattants doit être sans merci :
Écoutez ! le tumulte au loin fait rage et gronde,
Une sourde rumeur se répand à la ronde
     Et nous parvient ici !

Et pourtant cette femme est radieuse et belle.
Jeune comme Minerve, elle est grave comme elle,
Mais la grâce adoucit sa fière majesté ;
Son aspect dès l'abord est austère et farouche,
Mais un divin souris vient éclairer sa bouche
Et son âme au dehors se répand en clarté.

O Pologne ! d'où vient qu'en voyant son visage
Tu tressailles soudain ? Crains-tu quelque message
Venu l'on ne sait d'où pour troubler ton bonheur :
Craindrais-tu encore ta fortune ennemie,
Ou plutôt revois-tu quelque fidèle amie
     Toujours chère à ton cœur ?

Si ton cœur est heureux d'où vient que tu balances ?
Mais tu souris aussi, mais déjà tu t'élances,
Tu presses ta compagne avec force et douceur,
Et vous vous enivrez d'étreintes éperdues,
Et j'entends murmurer vos lèvres confondues :
  « Est-ce donc toi ma France ? — O Pologne, ma sœur ! »

IV

Oui, c'est la France, oui c'est bien elle
De qui le cœur sur ton cœur bat !
Sitôt qu'elle apprit la nouvelle,
Elle s'écarta du combat.
Perdue au sein de la bataille,
Elle luttait sous la mitraille,
Archange au milieu des enfers,
Lorsque parvint à son oreille
Cette nouvelle sans pareille :
La Pologne n'a plus de fers !

Alors, toute pleine de joie,
Le sein ému, le cœur battant,
Comme un faucon lâchant sa proie
Et qui s'envole en la quittant,
A l'instant laissant son armée,
A travers fracas et fumée
Elle partit, bondit, vola ;
Rien ne l'émeut, rien ne l'arrête,
Et jusqu'à toi tout d'une traite
Elle accourt et dit : « Me voilà !

« Sœur, me voilà, le temps me presse,
Car l'ennemi m'attend là-bas.
Hélas ! jaloux de ma tendresse
Le péril m'arrache à tes bras.
Je pars, mais d'allégresse pleine,
Ayant revu debout, sans chaîne,
Enfin heureuse sous le ciel
La martyre des destinées
Qui durant cent cinquante années
Plia la tête et but son fiel.

« Et maintenant que l'espérance
Brille en tes yeux, luise à ton front ;
Pour achever ta délivrance
Tes ennemis s'écrouleront.

Déjà l'Autriche est acculée,
Déjà la Prusse est ébranlée,
Achevons-les toutes les deux.
Allons où nous attend la gloire,
Et jusqu'au jour de la victoire
De loin se mêleront nos vœux ! »

V

En guerre ! Il faut combattre ! Allez, France, Pologne !
Un puissant ennemi vous presse et vous attend.
Des bords de la Vistule aux côtes de Boulogne
La noire légion innombrable s'étend.

Du ciel on voit sans fin la mitraille descendre,
Couchant des régiments entiers dans les sillons :
Les fleuves sont rougis, les campagnes en cendre,
Et les villes en feu volent en tourbillons.

Tout le continent tremble et l'Europe est en flammes.
Un grondement plus sourd que celui de la mer,
Quand sur les rocs géants monte l'assaut des lames,
Emplit l'espace où règne un ouragan de fer.

Par le chemin foulé des frontières béantes
Vont et viennent sans fin d'immenses légions ;
A la face du ciel cinq nations géantes
S'égorgent sans merci telles que des lions.

Depuis que le soleil fertilise la terre,
Jamais il n'avait vu de tels maux l'accabler,
Et depuis qu'ici bas les humains sont en guerre
D'une telle fureur les peuples se mêler !

Et c'est vous, vous encor, victimes innocentes,
France, Pologne, hélas ! c'est votre sol sacré
Que foulent sans pitié les hordes mugissantes,
Le stupide troupeau de carnage enivré !

Ce n'était point assez que, naguère outragées,
Vous eussiez toutes deux déjà de votre sang
Arrosé votre terre, et même qu'invengées
Vous vissiez votre plaie ouverte à votre flanc :

Contre vous à nouveau le barbare s'acharne :
A l'Ouest, à l'Orient, Prussiens, Autrichiens
Souillent les bords du San et les rives de Marne
Plus cruels que les loups et plus vils que des chiens :

C'est sur vous qu'assouvit sa sombre frénésie
Le moderne Vandale et le Hun d'aujourd'hui,
Plus atroces qu'au temps où des plateaux d'Asie
Ils gagnaient l'Occident et se ruaient sur lui.

Eh bien, soit ! plus le sort a pour vous d'injustice,
Plus de gloire embellit votre acceptation,
Et, plus lourd est le faix, plus cher le sacrifice,
Plus haute est la grandeur de votre mission :

Acceptez-la sans trouble et du même courage,
Avec le même front qu'on vous a vus toujours,
Sachez rompre le flot, laisser s'user sa rage
Et forcez-le de même à remonter son cours.

Montrez à l'univers que cette heure fatale
Pour ses destins futurs emplit d'un sombre émoi,
Montrez que l'injustice et la force brutale
N'ont qu'un règne éphémère et ne sont pas la loi :

Montrez qu'au fond des cieux, contre la tyrannie
Un équitable roi lève son bras vengeur,
Et que la violence est tôt ou tard punie
Qui pousse au fratricide un peuple envahisseur :

Montrez, quand on vous veut ravir l'indépendance,
Que tout vous semble mieux plutôt que le souffrir,
Et, quand parle l'honneur, ce que peut la vaillance
D'un peuple libre et fier qui ne veut pas mourir !

XII

La Race

M. Benoit

Maire de Badonviller

Un sort cruel fut son partage,
Sur lui redoubla le malheur :
Ils le lièrent comme otage,
Et puis l'abreuvèrent d'horreur ;

A sa maison on mit la flamme,
Il vit s'en consumer les feux ;
Ils se saisirent de sa femme
Et la tuèrent sous ses yeux :

Après quoi, — louange immortelle ! —
Ce cœur sublime, ce héros,
Calme, au devoir restant fidèle,
Sauva la vie à ses bourreaux !

(Août.)

XIII

Durant la Retraite

Qui peut douter?...
A. DE MUN (5 Septembre 1914).

On espère, on commente, on attend les nouvelles :
Une crainte, un échec échauffent les cervelles ;
Un espoir, un succès font palpiter les cœurs.

Quoi le meurtre, le mal, la nuit seraient vainqueurs !
La clarté s'éteindrait et ferait place à l'ombre :
Cette éclipse serait sans issue, et le nombre,
A force de lourdeur et de stupidité,
Vaincrait bravoure, honneur, amour et liberté ?
Eh quoi ! l'homme aurait-il pour destin l'esclavage,
Et le civilisé de subir le sauvage ?
Quoi ? notre sort serait à ce point désolant
D'être foulés aux pieds par un reître insolent,
Et du Tage au Volga, de l'Ecosse à l'Espagne,
Toute l'Europe en deuil deviendrait-elle un bagne
Où l'on verrait courbés sous le fouet allemand
Anglais, Belge, Français, Russe éternellement ?
Quoi ! Tant de dévoûment, de vertu, de courage
Ne servirait de rien, et l'on verrait, ô rage !
Tout le sang des héros à grands flots répandu
S'en aller dans la mer, inutile et perdu ?

Serait-ce donc pour rien que la noble Belgique,
Stoïquement fidèle à son devoir tragique,
Disant un : non ! farouche au lâche envahisseur
Pour la sauver se jette au-devant de sa sœur ?
Pour rien qu'on voit Léman assiégé dans Liège

Et s'immortalisant par l'effort d'un long siège,
Tel qu'on a vu Denfert naguère dans Belfort ;
Namèche se faisant sauter avec son fort,
Namur et Charleroi, le malheur de Bruxelles
Et Louvain dans les airs volant en étincelles ?

Quoi ! tant de maux soufferts, d'angoisses et de pleurs,
Sous tant de toits en deuil tant d'amères douleurs,
Tant de foyers détruits, tant d'amours envolées,
D'orphelins effarés, d'épouses désolées ;

La douce France ayant une plaie à son flanc
D'où sort à gros bouillons le meilleur de son sang ;
Dans nos champs dévastés tant de morts héroïques,
D'intrépides soldats, de généraux stoïques,
Dont bientôt, lorsque enfin se tairont les canons,
La France avec amour se redira les noms :
O néant ! tout cela serait en pure perte,
Et, dans la plaie au flanc de la Patrie ouverte,
Le poignard à deux fois par l'assassin poussé
Resterait jusqu'au manche à jamais enfoncé ?
Faut-il douter du ciel ? se peut-il que l'histoire,
A la page où devait resplendir la victoire,
La liberté, le droit inscrivit : « Honte et nuit,
Le soleil s'est éteint et le progrès s'enfuit ? »

Non, non, non ! Haut les cœurs ! L'espoir vit, le ciel veille !
Cette guerre effroyable enfante une merveille,
Nous en verrons sortir, quand tout sera fini,
Un nouvel univers, un monde rajeuni,
Tout palpitant d'amour, de joie et d'espérance.
Alors tout sera beau : la Belgique, la France
Dans la gloire et la paix goûteront la douceur
Des saintes amitiés : l'Angleterre leur sœur,
Puissante sur la mer, riche, heureuse, tranquille
Leur sourira, joyeuse, au bord de sa grande île ;
Et toutes trois diront : « O sœurs, notre ère a lui.
Enfin, Dieu soit loué ! les mauvais jours ont fui ! »

(30 août.)

XIV

Les Barbares

L'officier :

« Pour deux cents millions en or, payés comptant,
« L'on n'égorgera point.   - Bourgmestre, sois content !
« Nous pourrions te tuer, te bombarder ta ville,
« Pour deux cents millions nous te laissons tranquille :
« Point de meurtre, de viol, ni de bombardement.
« C'est se montrer bon prince, et c'est pour rien vraiment.
« — Je suis très mécontent, bourgmestre, de ta ville :
« Ton peuple, gent absurde et populace vile,
« Qui s'étonne à nos mœurs et ne nous comprend pas,
« Osait rire, tantôt, de nos parfaits soldats.
« Je ne vois pas comment notre fameux Pas-d'oie,
« Notre Marche-parade a pu vous mettre en joie.
« L'exercice à ravir était exécuté,
« Et, sachez-le, chez nous il est fort respecté.
« Vos femmes arboraient toutes une cocarde :
« On la leur arracha. C'est bien fait ! Prenez-garde !
« Nous veillons, Bruxellois, sur chacun et sur tous.
« Souvenez-vous qu'ici vous n'êtes plus chez vous.
« Non ! Vous êtes chez nous !   Je vous accorde, certe,
« Que, Bruxelles étant comme on sait ville ouverte
« Où nous sommes entrés de go, sans coup férir,
« Nous pouvons bien surseoir à vous faire périr ;
« Mais, gare à vous ! — Donnez bon exemple et vous êtes
« Sauvés. — Comptez sur nous, car nous sommes honnêtes !

A part :

« Comptez-y, nous ferons ainsi que nous voulions,
« Sitôt que nous tiendrons les deux cents millions ».

XV

Les Barbares

LES VIDE-POCHES

Ce sont les officiers de l'armée allemande,
Les chefs, les instructeurs de la sinistre bande,
Dignes maîtres vraiment, sergents à trois chevrons
De troupiers-soleillands et de soldats-larrons !

Pour la charge ou l'assaut ils ne sont point de taille,
Mais ils sont très actifs quand finit la bataille.
Quand le canon s'est tu, quand s'établit partout
Le silence et le calme, eux seuls restent debout.
Au milieu des mourants et des morts, sans vergogne,
Ils commencent alors leur infâme besogne.
Observons-les : — Là-bas, derrière ce buisson
Qu'agite je ne sais quel horrible frisson,
Et là dans ce fossé qu'un ruisseau rouge trempe,
N'apercevez-vous pas comme une ombre qui rampe ?
Est-ce un homme ? il se coule ainsi qu'un assassin ;
Sa droite serre une arme, ô Dieu ! dans quel dessein ?
Mais quoi ! C'est un soldat ! Et quelle est donc sa tâche ?
Où va-t-il ? Que veut-il ; et d'où vient qu'il se cache ?
Dirait-on pas qu'on lutte ? Ah ! malédiction !
Entendez-vous ce cri, cette imprécation ?
« A l'aide ! on m'assassine ! à moi ! lâche ! ô misère,
« Achever un blessé ! n'as-tu donc pas de mère ? »

Plus rien ! le coup est fait, et c'est un meurtre encor.
L'assassin en fuyant sème les pièces d'or
Qu'il serre avidement ainsi que des reliques.
Il revient : Cachons-nous. Il gagne à pas obliques
Par le champ du carnage où tous bruits se sont tus
Ce taillis où l'on voit quelques casques pointus.
Observons. Surprenons cette hideur sublime
Que porte à son visage un homme après son crime.
Voyons à quelle espèce appartient l'assassin :
Est-ce un rustre, un lourdaud ignorant et malsain,
Enfant déshérité d'une terre bannie,
Quelque ours de la Vistule ou de Poméranie,
Vingt ans par la misère et par la faim hanté
Que le bonheur d'avoir un peu d'or a tenté ?
Dieu du ciel ! Regardez : il porte sur sa manche
Trois galons ; une épée est visible à sa hanche,
L'homme a l'aspect humain, point rustre et point grossier,
Il est rose, élégant et c'est un officier[1].

---

[1] Je n'exagère rien : les exemples ne seraient que trop nombreux. Pour n'en citer qu'un ; en août M. le lieutenant Lahoulle, blessé, fut dévalisé par le lieutenant prussien Von Schaffenberg, qui tenta de l'achever à coups de revolver. (V. « Illustration », 20 février 1915.)

XVI

Veillée

Sous le choc du marteau la tour grave et sonore
S'ébranle et, lentement, dans l'air silencieux
Minuit compte ses coups, et c'est un jour encore
Que retranche le temps à nos cœurs anxieux.

Là-bas, dans la campagne, aux lueurs des étoiles
Le soldat sur son sac, exténué, s'endort.
Il rêve de victoire et, déchirant ses voiles,
Il peuple l'avenir avec des songes d'or :

Le combat fut terrible et folle la journée !
Que de braves sont morts ! Tant de sang a coulé
Que la campagne au loin en est toute baignée !
Mais tous furent vaillants et nul n'a reculé.

Demain, dès que les feux rougissants de l'aurore
Estomperont les bois sur l'horizon moins noir,
Il faudra se jeter dans la mêlée encore,
Et comme des lions se battre jusqu'au soir.

Mais rien n'est difficile aux enfants de la France.
Ils savent sans broncher lutter jusqu'à la mort.
Quand vaincre est le devoir, le but la délivrance,
Mourir pour la patrie est leur plus heureux sort !

Ils ne faibliront pas, ils iront par les plaines,
Ils iront par les bois toujours droit devant eux
Jusqu'à ce que, joyeux, aux frontières prochaines
Ils aient ainsi conduit leurs pas victorieux.

Et ce n'est point assez ! Sans fatigue ni trêve,
Par delà le grand fleuve ils marcheront ainsi
Plus pressés et plus prompts que les flots sur la grève,
Et tant que l'ennemi leur demande merci.

Et puis le jour viendra, le jour grave et splendide,
Où le Pays vainqueur rappelant ses enfants
Mettra toutes ses fleurs sous leur pas intrépide
Et fêtera partout ses drapeaux triomphants.

Alors ils reverront leurs femmes et leurs mères ;
Ils presseront joyeux leurs petits sur leurs cœurs ;
Les amants reverront celles qui leur sont chères,
Et les beaux yeux paieront leur bravoure aux vainqueurs.

Alors, alors, plus d'une, et parmi ces cruelles
Qui, toujours promettant, se refusent toujours,
Songeant en vérité qu'on s'est battu pour elles
Revoyant les absents agréeront leurs amours.

. . . .

Fuyez, heures; Fortune accélère ta roue,
Et que le Temps plus prompt précipite son cours :
Quoique notre destin en ces instants se joue,
Sans crainte et sans regret nous voyons fuir les jours.

Passez, heures, passez, vous n'êtes point menteuses ;
Déjà vous présagez notre heureux avenir.
Comme le crépuscule en ses vapeurs douteuses
Nous laisse deviner l'astre qui va venir.

(10 septembre.)

XVII

Charleroi

La Grande Retraite

Mais on a bientôt vu qu'il ne fuyait qu'en homme
Qui savait ménager l'avantage de Rome.
CORNEILLE (*Horace*).

Parfois c'est être fort que de savoir céder,
Et l'on peut se borner pour se mieux posséder :
Mais cet art de plier sans perdre l'avantage
Des cœurs les mieux trempés demeure le partage ;
Car qui dans le péril consent à s'amoindrir
Accroît son infortune et s'expose à périr.
Une pente souvent d'un abîme est la route.
La retraite souvent est changée en déroute,
Et c'est être deux fois tenace et vigilant
Que descendre sans choir et vaincre en reculant

Quand il vit que la horde immense et forcenée
Qui battait la frontière en vague déchaînée
Et le long de nos forts précipitait son cours,
Recherchant un passage en ses nombreux détours,
Avait rompu sa digue, inondait notre terre,
Joffre sans se troubler se dit : « Laissons-les faire !
Ils ont voulu passer ? soit ! qu'ils passent. » Peut-on
Arrêter l'avalanche ou la trombe ? Il est bon
Quand le gave écumant de sa gorge s'élance,
Quand le haut mascaret sur la Seine s'avance,
Il est bon, sans vouloir les rompre ou les brider,
De les laisser bondir, de les laisser gronder.
Patience ! Le fleuve est long, large la plaine :
Bientôt l'onde sans frein haute et de rage pleine
Va progressivement en nappe s'élargir

Et d'elle-même enfin par degré s'assagir,
Et vous verrez alors la géante calmée,
Par l'homme qui la dompte en ses bords enfermée,
Des digues des canaux suivre tous les détours
Et fort docilement y conformer son cours.
Ainsi voyant s'ouvrir la fatale trouée,
Et depuis Charleroi s'avancer la ruée
Du flot d'un million d'hommes en rangs pressés,
Et, de plus, enhardis par leurs premiers succès,
Songeant que s'opposer à semblable furie
Déchaînerait l'horreur d'une immense tuerie
Et, qu'en un tel combat, quelle qu'en fût la fin,
La victoire au surplus prononcerait en vain,
Celui qui dans ses mains tient notre destinée,
Pliant sous la raison sa fierté mutinée,
Résolut de céder et, tout en reculant,
De rétablir pourtant notre sort chancelant.
Reculer, ô douleur dont son âme est meurtrie !
Livrer à l'étranger le sol de la Patrie !
Infliger cet affront au soldat étonné !
C'était là le salut et l'ordre en fut donné.
Soldat de la retraite, ô héros, ô martyre !
Qui pourrait concevoir et qui donc pourrait dire
Ton courage, ton deuil, ton effort surhumain
Dans les dix jours affreux de ce fatal chemin
Où, selon ta faiblesse ou selon ta vaillance,
Allait se décider le destin de la France !
Gloire à toi ! Tu fus brave et ton bras la sauva,
Car lorsque enfin le jour d'attaquer arriva,
Après tant de périls quand vint l'heure opportune
Par un supprême effort de changer la fortune,
Quand l'instant d'avancer et de vaincre eût sonné,
Tu sus marcher et vaincre, — et le monde étonné
Qui, te voyant alors affronter la bataille,
Craignait qu'un tel combat ne fût trop pour ta taille,
Ou qu'enfin ton recul ne t'eût mis aux abois,
S'écrie en t'admirant : « Il a vaincu deux fois ! »

(Septembre.)

XVIII

Les Camouflets

Leur gloire à les entendre allait courir la terre.
Leur gloire ? – Qu'on en juge :
                                   Auprès de l'Angleterre
Vers la fin de juillet leur digne ambassadeur
Mitonnait un complot dépourvu de grandeur,
Mais qui ne manquait pas, à coup sûr, de logique :
C'était, tout bonnement, d'étrangler la Belgique
Pour tomber sur la France, après, plus sûrement.
Londres laisserait faire et son consentement
Serait payé plus tard, à l'heure du partage,
Par quelque copieux et solide avantage.
Le marché, n'est-ce pas ? était fort séduisant.
Oui, sans doute, il fallait frapper un innocent,
D'un pacte solennel rompre les signatures,
Mais, baste ! aux grands esprits les grandes aventures !
Quels qu'en soient les moyens, on pardonne au succès
Et quel succès, grands dieux ! qu'écraser les Français !
L'Angleterre, au surplus, n'était point compromise
Et n'avait même pas à craindre pour sa mise :
L'on n'avait qu'à vouloir et qu'à fermer les yeux.
  – Kitchener démasquant hier l'audacieux
Du monde entier sur lui déchaîna la huée
Et la perfide Prusse est partout conspuée !

En tout temps, en tout lieu, les traîtres font horreur ;
Du hideux assassin la stupide fureur
Révolte également l'humaine conscience,
Mais quand la fourberie a fait son alliance
Avec la cruauté, cette confusion
Met le comble en toute âme à la répulsion.
La Prusse à ce chef-d'œuvre est pourtant arrivée,
Et le monstre en ses traits prend figure achevée,
A tel point qu'à l'envi chacun maudit son nom
Et d'un « vade retro » repousse le démon.
Partout son crédit tombe et sa gloire est usée :
Tantôt c'est l'Italie, enfin désabusée,
Qui s'écarte et lui dit : « Moi, je suis pour le droit ;
L'Italie à l'honneur se rallie et se doit,
C'est-à-dire à la France, elle est juste, elle est grande,
Prusse, tu fais le mal. » — Tantôt c'est la Hollande
Ou la Suisse, laissant voir leur hostilité
Sous le masque figé de la neutralité ;
Tantôt c'est le Cipaye ou le noir de l'Afrique
Qui prend parti contre elle, et tantôt l'Amérique
Qui se lasse à son tour du tartufe allemand
Et le vient regarder dans les yeux fixement.

Mais où la farce encor offre le plus à rire
Et peint plus clairement que l'on ne saurait dire
L'horreur qu'on a partout pour l'Allemand coquin,
C'est dans l'accueil qu'il trouve auprès du Marocain...
Et du Chinois. — Ainsi plus grand qu'on n'imagine
Son renom vole à Fez et va jusqu'à la Chine !

Hélas ! on se souvient combien nous a coûté
Notre Maroc par l'ogre allemand convoité :
« A moi le bon quartier et la part magnifique,
Grognait-il, ou sinon !... » — La France pacifique
Apaisa l'importun et s'en débarrassa
Par ce cadeau sans prix dont eût saigné Brazza.
Satisfait du Congo, vaste, riche et fertile,
Tout autre désormais eût su vivre tranquille

Sans nuire à son prochain et se fût contenté
D'un semblable présent garanti par traité :
Oui-da ! pour qui prend-on la Prusse, je vous prie ?
Elle, avoir tant d'égards, tant de mesquinerie ?
Elle, voir un instant son dessein ajourné,
Ses coudes à la gêne ou son chemin borné ?
Qu'on le sache, du ciel la sagesse profonde
Lui destine l'espace et l'empire du monde.
Aux premiers temps partout le Germain répandu
Possédait l'univers, et ce qu'il a perdu
Il veut, c'est légitime, à présent le reprendre.
Il doit tout étant sien, prendre tout, ne rien rendre.
Quiconque, à distinguer s'il sut s'habituer,
Convient que lui donner c'est lui restituer,
Et qu'étendant ses droits sur ce qu'on lui refuse
Il le peut recouvrer ou par force ou par ruse.

Un jour, par quelque excès de folle charité,
Ou par quelque intérêt de curiosité,
Faites entrer chez vous le malandrin qui passe.
Hébergez-le, gavez-le bien, — Sa jambe est lasse ?
Donnez-lui votre lit.   Êtes-vous las ou vieux ?
A plus forte raison.   A-t-il grand faim ? Tant mieux ;
Qu'il ait votre dîner, et, s'il faut, qu'on lui serve
Sans en épargner rien l'office et la réserve.
Bien frais et bien repu lorsque le lendemain,
Il voudra s'en aller, remplissez-lui la main
De force pièces d'or ; bourrez-en bien sa poche,
Pour ménager ses pieds prenez sa place au coche.
Enfin en l'embrassant faites-lui vos adieux,
Alors (du naturel retour impérieux),
Sa main de votre poche allant à la rencontre
Par-dessus le marché vous prendra votre montre.

L'Allemand à la lettre est cet hôte charmant :
Nous l'avions au Maroc reçu fort poliment :
Il avait tout : finance, industrie et commerce,
Culture ; était-ce assez ? — Sa nature perverse,

A travers nos bontés enfin se faisant jour,
Lui devait suggérer quelque fort méchant tour.
Nous chasser du Maroc, y remplacer la France.
Voilà le digne effet de sa reconnaissance !
« Marocains, disait-il, voici l'occasion :
Tout en France à présent est deuil, confusion.
Aux armes ! levez-vous, l'occasion est belle,
Et d'ailleurs l'Allemagne est là, comptez sur elle
Qui s'intéresse à vous et qui vous veut du bien ;
Voici canons, argent, fusils, n'épargnez rien,
Ayez votre revanche et votre délivrance. »
Le Sultan lui répond : « Non, j'aime bien la France. »
Et, pour mieux affirmer encor ses sentiments,
Il dépêche à notre aide un de ses régiments.

A Pékin l'Allemand tentant même aventure,
En eut un camouflet de semblable nature.
« Aidez-nous, disait-il, contre le Japonais
« Qui, l'insolent, voyez, nous fait un pied-de-nez :
« Soyez nos alliés. » Refusant d'y souscrire
Yan-chi-Kai lui répond en éclatant de rire !

XIX

Après la Bataille de la Marne

Ce fut toujours un tort de provoquer la France.
Plus d'un qui l'entreprit en garde souvenance.
Rien n'approche ici-bas son calme et sa bonté,
Mais rien n'égale aussi sa haine et sa fierté.
Il faut beaucoup d'efforts pour valoir sa colère,
Mais quiconque y parvient doit craindre son salaire.
Alors c'est un lion qu'un chasseur a blessé :
Rien ne reste debout où sa griffe a passé.
Elle peut, par hasard, dans le sommeil surprise,
D'un vainqueur déloyal permettre l'entreprise,
Et soudain, ô fureur, tel le roi des forêts,
S'éveiller prise au piège ou rugir dans des rêts,
Soit ! mais son oppresseur n'a pas longtemps la gloire
D'applaudir à sa ruse et de chanter victoire :
Sa magnifique proie à ses yeux stupéfaits
A tôt fait voir sa force et ses trop prompts effets :
Déjà le fier lion, d'un puissant coup d'épaule,
Rompant ses lacs honteux ou son étroite geôle,
S'élance en rugissant, et, le cherchant des yeux,
Écrase son vainqueur d'un bond prodigieux !

(14 septembre.)

XX

Victoire !

Et maintenant c'est chose faite,
L'immense opprobre est effacé !
France, tu peux lever la tête,
Regarde en face le passé !

Ma France, sors de l'affreux songe
Où tu t'absorbas quarante ans :
Ta honte a fui disant : mensonge
Avec ses Metz et ses Sedans !

Les deuils, les hontes, les désastres,
Tout a disparu dans la nuit.
Vois ! quel splendide lever d'astres,
Quel firmament sur ton front luit !

Quel jour sublime en ton histoire,
Quel affront pour tes ennemis !
C'est ta plus illustre victoire,
C'est le plus beau de tes Valmys.

Entends-tu dans la plaine immense
Monter ces hymnes triomphants ?
Quelle aube splendide commence ?
Que chantent en chœur tes enfants ?

« Victoire ! Joie ardente aux âmes !
Orgueil, ivresse en tous les cœurs !
Sois fière de tes oriflammes,
« France, nous revenons vainqueurs !

Le choc fut rude, la bataille
Fit rage sept nuits et sept jours ;
Le grondement de la mitraille
Couvrait la charge des tambours ;

Nous étions las, l'heure était grave,
Nous combattions un contre dix,
Mais comme dix chacun fut brave,
Et nous chassâmes ces maudits ! »

Et maintenant c'est chose faite :
En un tel jour est effacé,
Avec le deuil de la défaite
L'immense opprobre du passé !

Relève enfin ta tête altière,
Tes étendards sont triomphants,
O France, sois heureuse et fière,
Mère, souris à tes enfants !

(14 septembre)

XXI

SONNET

Notre Joffre

Vous avez bien raison de l'appeler ainsi.
Français ! Des généraux fameux, dont notre histoire
Célèbre la bravoure et chérit la mémoire,
Joffre a le caractère et les vertus aussi.

Le Héros, le Sauveur, l'Homme de la Victoire,
Par qui brille à nouveau notre honneur obscurci,
Porte superbement son écrasant souci
Et fort modestement le laurier de sa gloire.

Egal dans les périls, mais ferme et décidé,
Serein en foudroyant, son génie a la taille
De nos plus grands soldats : C'est Villars. C'est Condé

Qu'on vit, quand il eut tout réglé pour la bataille,
En attendant le jour, satisfait, sans effroi,
Dormir profondément la veille de Rocroi.

(Alger, novembre.)

XXII

La Légion d'Honneur

Sous un ruban vermeil c'est une blanche étoile,
Et ses larges rayons d'émail éblouissant
Dérobent à demi sous l'éclat qui le voile
Le lambeau de satin qu'on croirait teint de sang :

Ce joyau sans pareil est vraiment votre emblème,
O braves dont le sang pour la gloire a coulé,
La blessure qu'on voit rouge à votre flanc blême
Resplendit à nos yeux comme un astre étoilé !

XXIII

La Bouche de l'Innocence

O Kindermund, Kindermund !...
Bouche d'enfant, bouche d'enfant,
plus sage que Salomon.

RUCKERT.

L'enfant rêve, et la mère aux yeux rouges, sans larmes,
Vers quelque fort lointain regarde vaguement.
Elle veut à son fils dérober ses alarmes,
Et sa foi dans son Dieu tempère son tourment.

L'ange n'a pas sept ans : « Mais où donc est mon père ? »
Dit-il, n'y tenant plus, du silence gêné.
« Je veux le voir, qui donc me l'a pris ? – C'est la guerre.
« Sois sage, mon chéri ». Mais l'enfant étonné

Songe. Un travail profond se fait dans sa cervelle.
La guerre ? Mais il sait ce que c'est, et très bien !
A l'école souvent il dut se servir d'elle
Pour ravoir sa toupie ou quelque biscaïen [1].

(1) Les enfants nomment ainsi une très grosse bille.

Maman pourrai-je encor demander quelque chose ?
— Contre qui se bat-on ? — Contre les Allemands.
— Qu'est-ce qu'on leur a pris ? — Ils se battent sans cause,
— Leur roi le veut ainsi ». Durant quelques moments

L'enfant se tait. Et puis soudain : « Petite mère,
Reprend-il fermement (à cet âge on dit tout) —
« Est-ce donc vrai, dis-moi, qu'on se tue à la guerre ? »
En entendant ces mots la pauvre femme à bout

Sanglote. C'en est trop. Et qui la blâme ? en somme
A de telles douleurs comment s'habituer ?
— Alors, maman, ce roi, c'est un très méchant homme,
Dit l'enfant, — et c'est lui que l'on devrait tuer ! »

XXIV

S'il mourait à présent ce serait regrettable.
Non, Dieu ne le veut pas. Non, le ciel équitable
Sur cet homme exécré veille jalousement
Et le garde vivant pour l'entier châtiment.
Non, non ! en vérité ce serait trop commode
Si pour les criminels existait un tel code,
Si, le moment venu de regretter leur tort,
Ils pouvaient à loisir s'évader dans la mort.
Sans doute, au misérable il n'est point de refuge,
Et son âme au dehors retrouve encor le juge
Terrible qui l'attend au seuil de la prison,
Mais, en bonne justice et solide raison,
Il faut, avant d'entrer dans l'effrayant mystère,
Que le coupable expie et souffre sur la terre,
Qu'il pleure et qu'il gémisse en un tourment amer
Avec ses yeux vivants, avec son cœur de chair :
Cette expiation est, dis-je, nécessaire
Pour qu'on dise du moins en voyant sa misère,
En se remémorant le crime qu'il commit :
« Dieu clément ! garde-nous de faire ce qu'il fit ! »

Il faut que le tyran fourbe, lâche et féroce,
Vive ; que vers l'azur tournant son mufle atroce
Le tigre aux yeux sanglants, en attendant son tour,
Respire l'air du ciel et la splendeur du jour,
Comme l'agneau, le cygne et la douce colombe ;
Il faut que l'empereur, avant que de la tombe
Le trou noir et sans fond l'engloutisse à jamais,
Du trône et du pouvoir occupe les sommets ;
Qu'il y reste debout, qu'il brave et qu'il domine
Jusqu'à ce que le flot, qui déjà ronge et mine
Autour de lui le sable avec son flux fatal,
Jette à bas la statue avec son piédestal,
Et, juste châtiment, ironique se joue
De ce géant d'orgueil et le couvre de boue.
Il faut que l'homme oblique, impérieux, cruel,
Qui coûta tant de sang à ce monde mortel,
Il faut que le démon, le fol ambitieux,
Qui se croit un sauveur envoyé par les cieux
Et qui trempa son front dans son rouge baptême,
De l'Europe sanglante écoute l'anathème,
Qu'il en soit insulté ; que, contraint, impuissant,
Il écoute passer en chœur le maudissant
Le cortège inouï de toutes ses victimes,
Des morts et des vivants lui reprochant ses crimes ;
Qu'il entende, mêlés aux malédictions,
Les râles, les sanglots, les lamentations,
Les appels déchirants et les plaintes amères
Des épouses, des sœurs, des enfants et des mères,
Réclamant leurs époux, leurs frères et leurs fils,
Leurs parents disparus et leurs foyers ravis ;
Il faut, sans que contre eux nul recours le protège,
Que ses yeux voient passer, lamentable cortège,
Les nouveau-nés sanglants montrant leurs poings coupés,
Les braves officiers au visage frappés
Par des goujats bottés honteux de leur vaillance,
Et les Alsaciens contraints par violence
De la mère-patrie à répandre le sang ;
Il faut qu'il voie ainsi passer le paysan,
Le prêtre, l'écolier, innocents qu'on fusille ;

Le vieillard aux cheveux souillés, la jeune fille
Demi-nue et pleurant sur sa virginité,
Tous sanglants et montrant une plaie au côté ;
Il faut, comme on entend le soir dans les marées
Tous les flots assembler leurs voix désespérées,
Que de tous les martyrs, de toutes les victimes,
Des quatre points du ciel et du fond des abîmes
Montent autour de lui les clameurs sans pareilles,
Et sans cesse et sans trêve assaillant ses oreilles,
Tant, qu'à la fin voyant son crime et son erreur,
Il se sente aux cheveux saisir par la terreur.

XXV

Messieurs, continuons !

Aere perennius.

Castelnau, tu fus grand, mais ta parole est telle
Qu'elle doit vivre autant que la France immortelle !

Toujours le sacrifice est facile aux grands cœurs :
Leurs entiers dévoûments, des faiblesses vainqueurs,
Savent, bravant le sort en toute conjoncture,
Etouffer les appels profonds de la nature,
Et peuvent sans effort, presque sans le savoir,
Se hausser aux sommets sublimes du devoir ;
Mais ce fut rarement qu'une telle vaillance
Trouva pour l'éclairer si haute conscience,
Ou sut d'un mot si beau, si marqué de grandeur,
D'une offrande si chère illustrer la splendeur.

Et cependant, hélas ! le sort te fut sévère !
Dans ton sein généreux palpite un cœur de père,
Et ce jeune héros, ce glorieux enfant,
Dont tous nous admirons le trépas triomphant,
Fut ton amour, ta joie avant d'être la gloire.
L'affection d'un père ! Oh ! quiconque a pu boire
A cette source aux flots généreux et sans fond
Sait de quelle chaleur, de quel instinct profond,
De quel constant amour, de quelle vive flamme,
Peut s'enivrer un cœur, se consumer une âme
Dans de longs jours tantôt inquiets ou ravis
Pour ce trésor si cher que l'on appelle un fils !

O Père, ainsi celui qui te manque à cette heure
Et que toute la France avec sa mère pleure,
Comme il avait ton sang possédait ton amour,
Car il en était digne et le montre en ce jour.

Lorsque sonna pour tous cette heure solennelle
Où la France appela ses enfants autour d'elle,
Tes fils à son secours volèrent à l'instant,
Et les voyant si prompts, père, tu fus content.
Bientôt dans tes devoirs tu t'absorbas toi-même ;
La bataille était rude et le moment suprême.
Sous le choc furieux d'un ennemi puissant
Notre ligne, déjà par endroit fléchissant,
Menaçait de céder sous l'immense poussée :
Tu luttais sans repos, ferme, mais ta pensée
Rapide loin du camp s'envolait par instants
Et s'en allait chercher parmi les combattants
Trois têtes au milieu de l'ardente mêlée,
Trois êtres chers debout sous l'horrible volée,
Trois braves sous le feu combattant vaillamment
Et risquant trente fois leur vie en un moment.
Sans frémir aux périls qui, parmi ces tempêtes,
Menaçaient leur poitrine, environnaient leurs têtes,
Tu ne voulais songer qu'à leur glorieux sort,
Quand on vint t'annoncer : « Père, ton fils est mort ! »

Hélas ! en d'autres jours, pour mieux verser tes larmes,
Sans doute il t'eût fallu, loin du camp et des armes,
Te cacher un long temps, car nous avons besoin
Dans nos grandes douleurs de pleurer sans témoin.
Mais l'heure était critique et le péril extrême,
Pour sauver le pays tu t'oubliais toi-même :
Tu lui devais ton temps, ton âme et tes efforts ;
Et vers les officiers te retournant alors,
Refoulant tes sanglots, tes pensers, ta souffrance,
Tu dis : « Continuons !

      — Quoi donc, héros ?

       — La France ! »

(Août 1914.)

XXVI

Deliciæ generis humani [1]

Jésus ! ta gloire est obscurcie,
Le globe tombe de ta main :
C'en est fait, un nouveau Messie
Va régner sur le genre humain !

Christ ! il faut que tu te résignes,
Il est sans contestation
Marqué de tous les divins signes
Qui témoignent sa mission.

Jésus ! la chose est véritable,
Ce sauveur est plus grand que toi :
Car tu naquis dans une étable
Et lui le ciel le voulut roi !

Dans un désert tu pris naissance,
Sous l'humble toit d'un humble bourg :
Lui, parmi richesse et puissance,
A Potsdam dans le Brandebourg.

A l'âge où le rêve a des charmes,
Où ton corps virginal dormait,
Lui déjà s'exerçait aux armes,
Grand guerrier comme Mahomet.

---

(1) Guillaume II, « délices du genre humain »; M. Adolphe Lasson, de l'Université de Berlin.

Ta tête par le Seigneur ointe
Luisait du doux nimbe tremblant :
Il préféra le casque à pointe,
Sa main prit le glaive sanglant ;

Toi, tu n'avais pour toute escorte
Que douze enfants des environs :
Il est suivi d'une cohorte
De rois, de ducs et de barons ;

Tu voulais régner sur les âmes,
Ce fut ta seule ambition :
Plus fier, il met l'Europe en flammes
Pour l'honneur de sa nation ;

Tu mis dans le ciel ton royaume,
Renonçant aux biens d'ici-bas :
La terre appartient à Guillaume,
Il veut l'étreindre entre ses bras ;

Tu veux qu'on soit toujours sincère :
Le vrai par toi sut triompher :
Lui, c'est la ruse qu'il préfère :
Pour mieux séduire il faut tromper.

Tu veux qu'on reste toujours juste,
D'autrui qu'on respecte le bien :
Il dit, ce bienfaiteur auguste :
Voyons la fin, non le moyen ;

Qu'on aime ses ennemis, même
Sans qu'on espère être aimé d'eux :
Il s'est dit : c'est faiblesse extrême
Les exterminer vaut bien mieux.

Tu rêvais le bonheur du monde
Par l'innocence et par l'amour :
Il croit la vertu plus féconde
Du feu, du sabre et du tambour.

Tu préfères la parabole,
Et lui la schlague, c'est plus clair ;
Tu semais aux champs la parole,
Il préfère y semer le fer.

Tu consolais la pauvre veuve :
A l'orphelin ton cœur s'ouvrait :
Il met les faibles à l'épreuve :
Veuves, orphelins, il les fait.

Lazare promis à la terre
A ta voix sortit du tombeau :
Il a ressuscité la guerre,
Cet autre spectre non moins beau ;

Quand tu marchais dans la campagne
Tout l'horizon s'illuminait ;
La colombe était ta compagne :
Le ciel de parfums se baignait :

La terre est rouge quand il passe ;
Les corbeaux noircissent le ciel ;
La Mort chemine sur sa trace
Et l'air est pestilentiel !

(22 novembre 1914.)

XXVII

L'Attaque brusquée

> Nous sommes extraordinairement
> epris de logique, et dès qu'il s'est trou-
> ve pour une chose une formule intel-
> lectuelle, un système, nous nous em-
> pressons, avec une imperturbable téna-
> cité, d'adapter la réalité au système.
>
> Prince de Bulow
> (*La Politique allemande*, 1914.)

L'attaque brusquée
Zest ! elle est manquée !
Ils ne brusquent plus,
Les voilà fourbus !

I

Tirant son épée,
Guillaume le Grand
Lâche l'équipée
Et crie : « En avant !
En avant mes braves !
Foulez ces esclaves,
Courez sans entraves
Jusqu'à l'Occident ! »

L'attaque brusquée... etc...

II

« Ça ! que la Vistule
Prenne garde à vous !
Que tout capitule,
Tout cède à vos coups !
Que Mars vous possède,
La Mort vous précède,
Mon vieux Dieu vous aide,
L'Europe est à nous ! »

L'attaque brusquée... etc...

III

« La pauvre Belgique
Doux yeux nous fera :
C'est chose logique,
Dès qu'elle verra
Notre armée altière
Franchir sa frontière,
Son front jusqu'à terre
Se prosternera ! »

L'attaque brusquée... etc...

IV

« Hurrah ! qu'on terrasse
Le Français surpris :
Cette pauvre race
N'est plus que débris,
Qu'on frappe et qu'on taille
Dans cette canaille
Et qu'ainsi l'on aille
Tout droit à Paris ».

L'attaque brusquée... etc...

V

Foin de l'Angleterre !
Elle a l'Océan,
Mais n'est rien sur terre.
En moins d'un instant,
Sa petite armée,
Toute consumée,
Comme une fumée
Deviendra néant !

L'attaque brusquée... etc...

VI

Tant pis pour le Russe !
Il verra jusqu'où
La cavale Prusse
Rompant son licou,
Sans que rien l'arrête
Peut pousser sa traite.
Czar, ta fin s'apprête,
Prends garde à Moscou !

L'attaque brusquée,
Zest ! elle est manquée !
Ils ne brusquent plus :
Les voilà fourbus !

XXVIII

Algérie

Heureux pays dont la seule expres-
sion naturelle est le sourire !
EUG. FROMENTIN.

Ah ! ceux qui peuvent vivre dans
cet air caressant, sous le chaud soleil
qui ranime le cœur, sont bien heureux.
GEORGES OHNET.
(Journal d'un Bourgeois de Paris, 1915.)

Décembre. L'air est tiède et le ciel sans nuage.
Les arbres dans l'azur balancent leur feuillage
Que le soleil inonde, et, sous leurs frais berceaux,
Jase, ivre de bonheur, tout un peuple d'oiseaux.
Où le soleil est roi la joie est souveraine.
Tout brille et tout sourit. La mer bleue et sereine
Mêle son azur sombre au clair azur du ciel
Et le monde idéal touche au monde réel.
Algérie, ô contrée, ô terre fortunée,
Que ton ciel est clément ! qu'une telle journée,
Enchantement de l'âme et délice des yeux,
Sur la mer, sur les monts, dans tes champs spacieux
Épanche de splendeur, d'allégresse et de rêve,
Fait jaillir de rayons et circuler de sève,
Et comme à ton azur ton sol rend en beauté
Tout ce qu'il en reçoit d'amour et de clarté !
Quelle lumière baigne et blanchit tes montagnes !
Quelle sève féconde et verdit tes campagnes !

Quelle brise voltige et quels parfums légers,
Sur les lentisques verts et les bois d'orangers.
Par delà ces sommets dont les neiges prochaines
Dérobent à mes yeux l'épais velours des plaines,
Comme un aigle aux coups d'aile inlassables et prompts
Mon esprit voyageur passant torrents et monts,
Laissant le pic désert ou le ravin sauvage,
Côtoyant les plateaux ou suivant le rivage,
Va chercher tour à tour cent villes et cent lieux
Dont il subit de loin l'attrait impérieux :
Des palmiers ou du blé visite les domaines ;
Passe du chott amer aux ruines romaines,
De Laghouat et Biskra, dont le sable altéré
Enferme le jardin chichement mesuré,
Au Sahel dont le pied plonge en l'arène humide,
Et d'Oran l'espagnole à Cirta la numide.
Ainsi mon libre esprit parcourt en un moment
Maint site révéré, solitaire ou charmant :
Et laissant à son gré flotter ma rêverie,
J'embrasse tes contours, terre de la patrie,
Dont avec son relief, son charme et sa splendeur,
La carte radieuse est ouverte en mon cœur !
Et c'est avec ses tours et sa vieille mosquée
Tlemcen de qui l'histoire est encor si marquée ;
Miliana la Haute, à l'horizon si beau,
Qui de tant de Français fut, hélas ! le tombeau ;
C'est Tipaza la blanche et son Chenoua sombre
Dont le flanc plonge à pic dans la mer et dans l'ombre ;
C'est Cherchel la Romaine avec ses grands vallons,
Sa place où le soleil blanchit les Apollons ;
C'est Blida, la sultane au pied des monts couchée
Qui de fruits et de fleurs ceint sa tête penchée ;
Boufarik dont on voit se dorer tous les soirs
Les grands bois d'orangers murés de cyprès noirs,
Qui du brave Blandan conserve la mémoire ; —
Et c'est Sidi-Ferruch dont le long promontoire
Un beau matin de juin sur son sable doré
Vit surgir les Français conduits par Duperré ;
Et non loin Staouéli dont les pampres divins

Veulent que le nectar soit jaloux de ses vins ; —
Mais c'est toi blanche Alger, merveille orientale,
C'est toi, perle des mers, dont à mes pieds s'étale
La rade harmonieuse où roule à flot changeant
Un liquide saphir, partout bordé d'argent,
Parmi tant de beautés que ce soleil éclaire
C'est toi, ton horizon, que mon âme préfère.
J'aime à voir tes deux ports de vaisseaux encombrés
Qui chargent dans leurs flancs les vins, les minerais ;
Leurs môles où la lame en se jouant se brise
Et que le vent du large emporte et pulvérise ;
Tes places où parmi les hauts palmiers tremblants
Emergent la coupole ou les minarets blancs ;
J'aime l'aspect riant de ta haute colline
Dont le flanc vers l'abîme en étages s'incline,
Tout chargé de maisons aux murs roses et bleus,
Et dans la mer enfin,   spectacle fabuleux
Où l'on voit sous les flots une ville descendre,
Plonge...

      Et c'est tout cela qu'ils ont voulu nous prendre !

XXIX

Algériens

Patientes pulveris atque solis.

C'est une race forte, active et volontaire,
Dont un siècle d'effort, de lutte avec la terre,
Avec le chaud, le froid, la pluie et le soleil
A trempé les vertus et fait le sang vermeil.
Naguère les aïeuls à manier l'épée
N'avaient point leurs pareils, et, de leur sang trempée,
Cette terre, témoin de leurs vaillants exploits,
Crut voir ressuscités les Romains d'autrefois :
Or rien ne fut perdu ; la semence féconde
A poussé puissamment sa racine profonde,
Et voici la récolte et la moisson d'épis.
Tel naguère l'aïeul, tel aujourd'hui le fils :
Même sang,   même cœur, même front, pareille âme.
Au flambeau le flambeau communiqua sa flamme,
Au rejeton la souche a transmis sa vigueur :
Travail, force, vouloir des obstacles vainqueur,
Labeur persévérant et goût de l'entreprise,
Bon sang de pourpre vive et nerfs que rien ne brise,
Aux découragements comme aux spleens étrangers,
Cœur de glace aux revers et de flamme aux dangers ; —
Laboureur et soldat, — race deux fois trempée
Sachant faire du sol jaillir le blé sacré,
L'oranger aux fruits d'or et le pampre doré,
Et du sable brûlant l'oasis enchantée
A la source au flot pur des gazelles hantée, —

Et sachant, quand le jour est venu de mourir,
A l'appel de la France avec joie accourir :
Braves turcos toujours remplis d'élan superbe,
Aux mitrailles s'offrant, comme aux faucilles l'herbe,
Ignorant le péril, la fatigue et l'effroi ;
Sur l'Yser, à la Marne, à Soissons, Charleroi,
Montrant leur gaîté mâle et leur bravoure unique,
Terreur de l'ennemi, pris de fuite panique
Sitôt qu'il voit briller le bout de leurs fusils !

Sont-ils dignes de toi, France, tes jeunes fils ?

XXX

Les Barbares

APRÈS

> Les Turcs ont passé là : tout est ruine et deuil.
> VICTOR HUGO.
> *Deutschland uber alles.*

Continuez, c'est bien. Complétez la série.
Montrez-nous clairement qu'en fait de barbarie
Les modernes Teutons sont maitres consommés
Et même chez les Turcs dignes d'être nommés.
Faites voir ce que peut chez vous la patience
Au service du mal unie à la science,
Et jusqu'où le Germain pousse la cruauté
Du moment qu'il espère avoir l'impunité.
Montrez que dureté, jactance, hypocrisie
Sont vos péchés mignons : baïonnettes à scie,
Balles dumdum faisant un martyr d'un blessé,
Vous honorent bien plus et c'est mieux commencé ;
Mais, quoi qu'on en ait dit, c'est encor peu de chose :
Pour de plus hauts exploits votre orgueil se propose.
Chaque jour, chaque lieu voit un raffinement
Qui hausse votre gloire et notre étonnement.
Poursuivez-donc, livrez au burin de l'histoire
Un chapitre à ce point monstrueux et notoire
Qu'il ne puisse du temps jamais être effacé,
Et que votre nom soit en proverbe passé !

Le forfait le plus haut, c'est le mal inutile.
Qu'un enfant qu'on égorge, un blessé qu'on mutile,
Un vieillard suppliant que l'on traîne aux cheveux,
Un village embrasé, qui cerne de ses feux
Et presse de sa lave écarlate et brûlante
Sa population affolée et hurlante,
Soient vos jeux préférés et vos plus chers exploits,
Pendez le bûcheron au milieu de son bois ;
Par jeu, murez vivant le mineur dans sa mine ;
Prenez le paysan qui dans son pré chemine
Semant les blés sacrés où vous semez le fer,
Fusillez-le, jetez aux corneilles sa chair ;
Saisissez le bambin qui se rend à l'école,
Le panier sur le bras et le sac sur l'épaule,
Convainquez-le céans de haute trahison,
Fusillez-le, livrez aux flammes sa maison ;
Au nom du Dieu d'amour qui fit les hommes frères,
Arrachez aux autels, saisissez dans leurs chaires
Tous ces humbles curés dont le cœur innocent,
Seul, parmi tant d'horreurs, priant et gémissant,
A vos brutalités oppose la prière.
Traînez-les jusqu'au mur du petit cimetière
Et là, parmi les croix, les buis et les tombeaux,
Visant leurs fronts sanglants, leur soutane en lambeaux,
Fusillez-les ! Après emportez comme prise
Les ors du tabernacle et le trône de l'église.
Mais tout cela n'est rien. Ce sont là jeux d'enfants :
Quand ils se sentent forts, joyeux et triomphants,
Que leur férocité croit rester impunie,
Tous ces fils de la brave et noble Germanie
Trouvent à leurs vertus de sublimes emplois
Et se sentent le cœur ouvert aux grands exploits.
Alors l'assassinat pour eux n'a rien qui vaille :
Ce qu'il leur faut ce sont des crimes à leur taille,
Et leur génie alors monte au sommet du mal,
Et dans l'art de détruire atteint au colossal.
Ce qu'il leur faut alors, ce sont villes entières
Comme torches flambant avec leurs tours altières,
Leurs flèches, leurs palais, leurs beffrois ajourés,

Qui chancellent et puis, brusquement effondrés,
Emplissent l'air de flamme et de poudre et de râles ;
Ce sont les hauts clochers des vieilles cathédrales,
Seuls témoins du passé visibles sous les cieux,
Adorés, respectés de dix siècles pieux,
Dont l'obus en passant emporte la dentelle,
Et stupide, acharné, coup sur coup démantèle ;
Alors rien ne suffit à leurs mâles ardeurs.
Alors pour un Strasbourg on trouve cent Werders,
Et mille Von der Thann sont prêts pour un Bazeilles.
Et lorsqu'ils ont commis des actions pareilles
Tous ces braves soldats, tous ces fiers généraux,
Superbes conquérants, magnanimes héros
Trouvent pour les louer, pour couronner leurs têtes,
Mille docteurs, savants, artistes et poètes
Qui leur disent : « C'est bien, l'on est content de vous.
Hoch, hoch ! braves guerriers nous sommes avec vous ! »
Haut jury d'assassins, infâme aréopage
Inscrivant : « approuvé » sur le bas de la page
Où flambent et d'horreur tordent leurs bras sans fin
Termonde, Aerschot, Dinant, Reims, Arras et Louvain !

— Eh bien, continuez, soudards, bandits, sauvages,
Vos pillages, vos viols, vos meurtres, vos ravages ;
Parachevez l'horreur des dévastations
Par le redoublement des proclamations :
Soyez hautains, narquois, — Déjà l'heure s'avance
Où nous ferons peser le tout dans la balance.

XXXI

Les Barbares

APRÈS LA LECTURE DU MANIFESTE DES 93

> ... L'armée allemande et le peuple
> allemand ne font qu'un. C'est dans ce
> sentiment d'union que fraternisent
> aujourd'hui des millions d'habitants
> sans distinction de culture, de classe,
> ni de parti...
>
> En qualité de représentants de la
> science et de l'art allemands, nous
> soussignés, etc...

Quand ces loups, ces chacals à figures humaines
Que la faim fait quitter leurs forêts et leurs plaines,
Et qui, livrés sans fin à leurs instincts honteux
Vont pillant, égorgeant, souillant tout devant eux ;
Quand ces tigres sanglants, ces lubriques gorilles
Cruels même aux enfants, terreur des jeunes filles,
Que la fureur enivre et le nombre enhardit,
Plus cruels mille fois que tout ce qu'on a dit.
Auront été vaincus ; quand, partout, repoussée,
La noire légion quelque part entassée,
Consternée, impuissante et réduite à moitié,
Au châtiment final demandera pitié :
Quand ces goules d'enfer, ces fauves têtes rousses
Contraintes par la peur enfin se feront douces,
Et de leur langue encor toute chaude du sang
De la tendre colombe et du pauvre agneau blanc,

Viendront lécher les pieds de l'altière Justice
Pour retenir son bras, pour qu'elle compatisse :
Point de pitié !
              Pasteurs, vous qui tenez en main
Le glaive par qui Dieu les châtiera demain,
Sans grâce ni merci, car c'est l'ordre céleste,
Frappez et dispersez ce troupeau ; qu'il n'en reste,
Dans le moment présent et le temps à venir,
Que l'immense dégoût et l'affreux souvenir.
Surtout ne craignez pas que votre conscience
Ou la postérité portée à l'indulgence
Ne vous reproche un jour trop de sévérité :
Un entier châtiment est ici mérité.
Traquez, exterminez comme l'on extermine
Aux Indes quelque fauve ou bien quelque vermine
— Des hommes ? qui donc ? eux ? Et qu'ont-ils donc d'humain ?
Le plus doux se ferait bandit de grand chemin.
Épargnez les vieillards, les enfants et les femmes ;
Vainqueurs, juges, jamais ne vous montrez infâmes.
Au faible, à l'innocent respect ! oui, mais aussi
Pour les autres n'ayez ni quartier ni merci.
A mort ces assassins, au bagne ces coupables !
Nous savons à présent de quoi tous sont capables :
En bas voleurs, pandours, boute-feu, massacreurs,
En haut penseurs, savants attisant leurs erreurs
Encourageant leur crime et leur criant : « J'approuve. »
L'indulgence est coupable en tel cas, et je trouve
Qu'épargner ces brigands, honte du genre humain,
C'est faire que le mal soit triomphant demain,
Et que nos fils demain nous jettent l'anathème.
Non, non ! Point de pitié, de pardon, non, pas même
Le salut généreux que l'on doit au vaincu.
Qu'ils meurent sans honneur ainsi qu'ils ont vécu.

XXXII

Claude et Mathieu

ou

Neutralité

MORALITÉ EN UN ACTE ET QUATRE VERS.

PERSONNAGES :
MATHIEU, CLAUDE, UN VOLEUR.

SCÈNE PREMIÈRE

Une rue.

Mathieu, aux prises avec un malandrin.
Claude, à sa fenêtre.

MATHIEU

Au secours ! on me pille !... Ah ! voisin, hâtez-vous !

CLAUDE

Oui... j'irais bien... mais, dame !... on n'aime point les coups!

Il se barricade.

SCÈNE II

La même rue   un autre jour.

Claude, aux prises avec le même malandrin.
Mathieu, à sa fenêtre.

CLAUDE

On me vole ! A mon aide !... Eh, voisin !

Mathieu se barricade.

LE VOLEUR

L'autre jour

Tu l'as laissé crier ; sois juste : c'est son tour.

Le voleur le dépouille et s'enfuit.

(*Février 1915.*)

XXXIII

Ode à la Belgique

Le bonheur de mon peuple sera
toujours le plus cher de mes vœux.
HOMÈRE, *Iliade*, Ch. 1ᵉʳ.

Le Roi, la Loi, la Liberté.
La Brabançonne.

Quel est ce voyageur qui, là-bas sur la grève,
Seul et pensif, vêtu des plis de son manteau,
S'abandonnant sans fin aux tourments de son rêve,
    Va de la dune au bord de l'eau ?
Un songe douloureux et plus vaste que l'onde,
    Une douleur grave et profonde
    Absorbe, altère tous ses traits.
Quel âge est donc le sien pour que la solitude
Et le songe, chez lui se faisant habitude,
    Offrent à ses yeux tant d'attraits ?

Est-ce un vieillard chargé du poids d'une existence
Cachant dans le désert son illustre malheur ?
  — Non ! son épaule accuse une jeune prestance,
    Sa marche n'a point de langueur.
Est-ce un plaintif amant dont l'amère infortune
    Bien loin de la foule importune
    Vient chercher le calme et l'oubli ?
  Non ! l'amant malheureux n'a choix en sa détresse
Qu'entre ces deux recours, la mort ou sa maîtresse,
Et loin d'elle jamais ne reste enseveli !

Jeune homme infortuné, quelle est donc ta pensée ?
De quel injuste coup le ciel t'a-t-il frappé ?
Par quel destin cruel ta jeunesse blessée
     Voit-elle son espoir trompé ?
— Mais soudain quelle voix a frappé son oreille ?
     On dirait que son cœur s'éveille
Aux aimables accents d'un ami doux et cher...
Où se portent ses pas ? Qui l'attire et l'appelle ?
Est-ce le chant pieux de cette humble chapelle
     Qui regarde la mer ?

Oui, du temple marin il a franchi la porte.
Les fidèles déjà sont assis à leur banc.
D'abord il les contemple un moment de la sorte,
     Puis s'agenouille au dernier rang,
Et, vers le ciel alors élevant son visage
     Jeune, où respire le courage
     Mais que ronge l'anxiété,
Laissant flotter son âme au-dessus de la terre,
A celui vers qui tend et va toute prière,
Il adresse ces vœux d'ardente piété :

II

« Seigneur, vous dont la main de grâces toujours pleine
Console également le berger et le roi,
Je ne viens point ici faire une plainte vaine
     Et vous importuner pour moi.
Mon sort est bien cruel, mais, hélas ! la couronne
     D'angoisses toujours s'environne :
     Au sort commun je me soumets !
Bien loin de m'étonner que votre Providence
Ait aux grandeurs des rois mêlé tant de souffrance,
     J'admire vos profonds décrets !

« Non, Seigneur, si j'invoque ici votre clémence.
Si je viens implorer votre aide et votre appui,
C'est pour mon triste peuple : une infortune immense,
     Hélas ! s'appesantit sur lui !

L'ouragan de fléaux que parfois sur la terre
        Déchaîne l'effroyable guerre
        L'accable depuis cinq longs mois :
L'invasion brutale et dès longtemps ourdie,
La mitraille, la faim, le meurtre et l'incendie,
        Tout sur lui sévit à la fois !

 Vous le savez, mon Dieu, si courageuse et fière,
Pour défendre son sol et le droit outragés,
Mon armée a longtemps sur sa rouge frontière
        Lutté contre les étrangers ;
Vous savez si mon peuple, égal en sa souffrance,
        De foi, de vertus, d'espérance
        A su conserver ses trésors,
Vous savez si chacun, content de son supplice,
Est assez courageux pour vider son calice,
Mais, ô Père, bénis, seconde nos efforts !

 Dieu puissant, c'est toi seul qui règnes sur le monde !
Devant toi l'homme est poudre et les rois sont néant ;
Tu sais en un moment calmer la mer qui gronde
        Et briser l'effort d'un géant ;
Mais tu sais, quand tu veux, ô miracle ! ô puissance !
        Livrer le mal à l'innocence
        Et Goliath à l'Enfant-Héros ;
Une vierge en marchant met en fuite une armée ;
Alors on voit surgir une race opprimée
Et la victime enfin étrangler ses bourreaux. »

III

        Au beau milieu de la bataille,
        A la tête de ses soldats,
Albert ainsi qu'un preux, debout sous la mitraille,
        Brave les périls des combats.
Comme un père attentif, veillant sur son armée,
Il va de l'un à l'autre, exaltant, consolant ;

Au son de sa voix bien-aimée
Le courage renaît dans le cœur chancelant.
Chacun le voyant se ranime,
A la mort brûlant de courir,
Et le blessé, songeant à son chef magnanime,
Pour une telle cause est heureux de mourir.

« Sire, fuyez cette tempête,
Disent ses soldats alarmés
Des dangers où se risque une si chère tête.
Sire, vous êtes désormais
Notre étoile, notre âme et notre espoir suprême :
Notre Patrie espère et se survit en vous.
Vous vous devez à qui vous aime,
Votre vie est sans prix, épargnez-la pour nous »
Mais n'écoutant que sa grande âme,
De la mort n'ayant nul souci,
Il répond : « Je suis roi, l'exemple me réclame
De vos maux, vos périls je veux ma part aussi. »

IV

O Belgique, ô peuple héroïque,
Martyr sublime du devoir,
Et toi, Prince, ô soldat au cœur simple et stoïque,
Le plus noble qu'on puisse voir,
Combattez sans faiblir, gardez votre espérance !
Croyez. Il est aux cieux un Dieu juste et puissant
Qui nous voit, que notre souffrance
Dans nos plus grands malheurs trouve compatissant.
Il ne veut pas qu'on désespère
Ni qu'on l'oublie en son chemin :
Tôt ou tard il se montre et sa tendresse opère,
Et, le moment venu, sait nous tendre la main.

Sire, jadis faible, opprimée,
La France a vu l'un de ses rois
Sans secours, sans espoir, sans honneur, sans armée,
De l'étranger subir les lois.

Alors la triste France aux trois quarts envahie
Déjà pleurait sa fin : Dieu ne la voulut pas !
    Pour chasser la troupe haïe,
Il suffit d'un enfant et de quelques soldats :
        Ainsi, grâce à Dieu, la Victoire,
        O Roi, consacrant tes hauts faits,
Va te rendre bientôt tes droits, ton territoire ;
Ton peuple reverra le bonheur et la paix !

XXXIV

Les plus petits... sont les plus grands

Et toi, magnanime Serbie,
Petit peuple étonnant, moins héros que martyr,
Quand donc ton messager viendra nous avertir
Que ta lutte effroyable et si longtemps subie
A vu sonner sa fin ? et qu'en paix désormais
Tu vas te reposer et panser ta blessure,
Et réparer ton sang tant de fois répandu ?
Les mois passent, ton effort dure,
Quand donc viendra le jour où, par toi pourfendu,
L'ogre Autriche à jamais baisera la poussière ?
Ah ! ce jour ne tardera guère !
Deux fois déjà ton bras lui porta de tels coups
Qu'on l'a vu chancelant, tomber sur les genoux :
Deux fois se relevant il fondit plus terrible,
On te crut terrassée, et toujours invincible
Tu sus parer le choc qu'on avait cru mortel !
O braves montagnards ! ô magnifique armée !
O vaillance, ô miracle, incroyable duel
Où l'on voit du géant triompher le pygmée.

XXXV

Les Impondérables

Ils se sont dit :
                La force est tout ; l'avoir pour soi,
        C'est posséder le monde.
Quand elle a dit : « Je veux », droit, justice ni loi
        N'ont rien qui lui réponde.

Rien ne vaut pour parler, pour soutenir sa cause
        Et pour avoir raison,
Que les gros régiments, la frontière bien close
        Et la voix du canon.

Foin des gens raisonneurs, des peuples babillards
        Et des princes timides
De qui leurs intérêts, leurs vœux, les milliards
        Ne sont pas les seuls guides.

Rions de ces bons rois qui, trop pleins de scrupule,
        Se font crucifier
Pour la gloire et l'honneur, le respect ridicule
        D'un chiffon de papier.

Foin de ces chevaliers qui, l'olivier en main,
        Montés sur leur chimère,
Vont, de Berne à La Haye encombrant le chemin,
        Criant : « Guerre à la guerre ! »

Quand on est le plus fort, en stériles palabres
        A quoi bon perdre temps ?
La conviction vraie est le respect des sabres
        Et des tambours battants.

Un grand peuple puissant en son vaste dessein
    Se doit licence entière,
Et ne connaît ni loi, ni frère, ni voisin
    Ni traité, ni frontière.

Parfois les nations sont des petites filles
    Qu'il est bon de giffer ;
Quand le merle est en cage, à loisir sous ses grilles
    On le laisse siffler.

Toute haine finit par se taire et dormir,
    Toute insulte s'oublie :
L'Alsace, la Pologne ont beau hurler, gémir,
    Un bon bâillon les lie.

Le tigre et le boa mangent une gazelle
    Toute fois qu'ils ont faim,
Et ne s'informent pas si c'est chose cruelle,
    Si coupable est leur fin.

Le sort à l'Allemagne a promis l'univers :
    Or donc qu'elle s'octroie
Tous les droits ; tôt ou tard chaque peuple divers
    Doit devenir sa proie.

Chaque fois qu'il le faut, ainsi qu'un fauve en quête,
    Qu'elle flaire alentour,
Et d'un bon coup de patte amène une conquête
    Et la mange au grand jour.

L'égoïsme aujourd'hui parmi les nations
    Est chose habituelle ;
Le faible a beau crier : plus de compassions
    Plus d'aide mutuelle.

Hier la France enfin par nos armes vaincue
    Nous a lâché le Rhin ;
Demain par nos canons à nouveau convaincue,
    Sous notre poing d'airain

Elle verra plier son orgueil indompté,
        Et, pour nous, sans vergogne
Nous nous emparerons de la Franche-Comté,
        Ou bien de la Bourgogne.

Elle aura beau lutter, se battre et se débattre,
        Rien ne la sauvera :
La force est tout ! Parbleu ! contre un nous sommes quatre,
        La pauvrette échouera.

A quoi bon la vaillance et la haine et l'élan,
        Si l'on n'a pas le nombre ?
A rien. Fumée au vent. Éclair au loin brûlant
        Et qui se perd dans l'ombre.

Que deviennent le droit, l'équité, la justice
        Au combat ? Des zéros.
Rien de tel pour alors bien remplir leur office
        Que de bons généraux.

Allons ! n'hésitons point : Saxons, Prussiens, Badois,
        Ruons-nous tous ensemble,
Et bientôt nous verrons cette France aux abois
        Baisser son bras qui tremble.

Alors nous tomberons sur elle ; à la curée
        Nous nous jetterons tous,
Et nous la laisserons exsangue et démembrée
        Expirant sous nos coups.

Pour la prendre et l'abattre, il faudra peu d'efforts,
        Ce sont choses faciles.
Nous sommes mieux armés, plus nombreux et plus forts,
        En avant !

II

Imbéciles !

XXXVI

Dura lex, sed lex

Fragment

Écrit en 1912

. . . .
.

O guerres ! ô reculs de l'espérance humaine !
C'est donc à de tels maux que le temps nous ramène
Après tant de labeur, de souffrance et d'effort !
La raison et le droit sont toujours au plus fort :
Toujours les nations sont des tigresses prêtes
A s'entre-déchirer, et les seuls interprètes
Que les peuples entre eux admettent ont pour noms :
Baïonnettes, fusils, mitrailleuses, canons ;
Quand le courroux les prend, entre Goths et Sarmates,
Rien ne mettrait la paix, ni dieux ni diplomates !

France, médite bien ce spectacle et dis-toi
Que la guerre ici-bas toujours nous fait la loi,
Que pour ne se point voir tôt ou tard opprimée
Une nation n'a d'espoir que son armée
Et que, si tu veux vivre, il te faut à l'instant
Te préparer au choc terrible qui t'attend.

XXXVII

Clausa Germanis Gallia

Ils seront dispersés et s'enfuiront ensemble
A travers les coteaux, les champs et les vallons,
Comme les blancs flocons et les feuilles du tremble
Quand sur les bois jaunis soufflent les aquilons.

Tout remplis d'épouvante, éperdus, pêle-mêle
Ils fuiront, repassant la Moselle et le Rhin
Sous le plomb des fusils tourbillonnant en grêle,
Sous l'haleine de mort de nos géants d'airain.

Comme les épis mûrs que le faucheur moissonne
Tomberont en fuyant leurs bataillons fauchés ;
Nos champs où cette engeance et piétine et foisonne,
Enfin vengés, demain les reverront couchés.

Le reste, vil troupeau sans berger et sans âme,
N'ayant plus de vigueur si ce n'est pour courir,
Indifférent à tout, à l'honneur comme au blâme,
Sensible seulement à la peur de mourir,

Le reste ira chercher dans les forêts natales
Quelque abri retiré, ténébreux et lointain,
Dans l'espoir de tromper les vengeances fatales
Et d'échapper peut-être au châtiment certain.

Alors, c'en sera fait : la gigantesque armée
De tous côtés chassée et cernée à la fois,
En un cercle de mort implacable enfermée,
Se verra sans défense et réduite aux abois.

Alors viendra notre heure. Alors levant son glaive
La Justice, montrant son pouvoir méprisé,
Frappera. L'Empereur passera comme un rêve,
Et croulera l'Empire en cent fragments brisé.

Alors dans le vieux monde un cri de délivrance
Partant de tous les cœurs ira frapper les cieux,
D'où descendront sereins l'Ange de l'Espérance
Et l'Ange de la Paix aux souris radieux.

Alors l'heureuse Europe aura chassé la crainte,
Et ses peuples, hormis les Caïns exécrés,
A la fraternité se livrant sans contrainte,
Reprendront en commun la tâche du Progrès.

Une ère de bonheur s'ouvrira pour le monde,
Et, spectre monstrueux lentement effacé,
La Guerre sombrera, comme un astre dans l'onde,
Parmi la nuit sanglante et froide du Passé !

(28 février 1915)

XXXVIII

Vates

... *Fruiturque deorum colloquio.*
VIRGILE, *En.*

Le poëte ici-bas est toujours malheureux.
Sans pouvoir échapper à son sort rigoureux,
Ainsi que le forçat dont on rive la chaîne,
Il va traînant partout sa tristesse et sa peine.
Voudrait-il être heureux qu'il ne le pourrait pas,
Il souffre à tout moment, il tremble à chaque pas.
Il est dans le grand tout l'éternelle victime.
Dans la création où son esprit s'abîme,
Demandant le pourquoi devant chaque douleur,
Il va pensif, ayant pour guide le malheur.
Sa vie a pour tourment l'universelle vie.
Son âme est en tout lieu d'une douleur suivie
Qui, tantôt se faisant fantôme et tantôt voix,
L'obsède et, s'il veut fuir, le joint au fond des bois.
Comme le luth plaintif qui résonne et qui pleure
Au frôlement léger de la main qui l'effleure,
Son cœur, aux maux d'autrui toujours sacrifié
S'émeut à la souffrance et vibre à la pitié.
Il est à l'insomnie, à l'amertume en proie.
Pour lui point de plaisir, point de paix, point de joie,
Point de repos, d'oubli, ni d'entier abandon.
Si le bonheur lui rit et lui fait quelque don,
Sachant combien ce dieu de ses biens est avare
Et nous fait payer cher une faveur si rare,
Il lui sourit à peine et ne prend qu'à demi
Ce qu'il croit le présent trompeur d'un ennemi.

Grave dans les plaisirs, sérieux dans les fêtes,
Aux convives il dit : « Heureux fous que vous êtes,
Le plaisir vous possède, il enivre vos cœurs,
De vos fronts en riant vous effeuillez les fleurs :
Aux coupes, aux flambeaux vous demandez leurs flammes,
Aux esprits l'étincelle et leur sourire aux femmes,
Et, mortels insensés, oublieux du destin,
Vous vous étourdissez de l'éclat du festin :
Hélas ! à votre joie où ma douleur s'essaie
Je ne mêle en riant qu'une note faussée,
Car peu crédule en elle et regardant dessous
Je vois les maux secrets qui vous font saigner tous ! »
Si, lassé des humains, il veut, par aventure,
Rasséréner son âme au sein de la nature
Et goûter à loisir de ses abris touchants
L'immense paix des cieux qui règne sur les champs :
Ni l'azur, ni les prés, ni la pure lumière,
Ni le courtil en fleurs où rit une chaumière,
Doux spectacles d'amour et de sérénité
Qui d'un Dieu paternel attestent la bonté ;
Ni le vent qui se joue à travers les prairies,
Le ruisseau qui murmure en ses rives fleuries,
Ni le rayon qui glisse au fond du chemin creux
Où chuchote dans l'ombre un couple d'amoureux ;
Hélas ! rien ne parvient à dissiper sa peine.
Hélas ! rien n'a pour lui de douceur souveraine :
Au printemps, à l'aurore et sous l'azur des cieux
Il garde le cœur triste et le front soucieux.
Voit-il un nid qui berce au-dessus de sa tête
Sa joyeuse couvée ? il songe à la tempête
Qui s'amasse et du ciel noircit la profondeur ;
Il songe au lynx vorace, à l'épervier rôdeur ;
Reposant sous le chêne il songe à la racine
Que, déjà nuit et jour le ver travaille et mine,
Et d'avance il croit voir à terre ce grand tronc
Que brise en cent fragments le coin du bûcheron ;
Du bord de l'océan s'il voit quelque navire
Abandonnant le port sur la foi du zéphire,

— D'autres admireront le pur miroir des flots,
Le sillage ou le mât.   il pense aux matelots
Dans la cale enfouis, perdus dans la mâture,
A la fragilité de l'immense voilure,
Aux risques du voyage, aux caprices des mers,
Et mêle à son adieu mille pensers amers.

Mais qu'importe ses maux, son deuil et sa souffrance,
Ce crêpe que pour lui porte au front l'espérance,
Et tant de biens mortels dont il se voit sevré,
Tandis que le vulgaire en est comme enivré ?
Et qu'importe que Dieu qui le mit sur la terre
Voulut qu'il y vécût malheureux, solitaire,
Qu'importe ? il se console, il a sa mission.
Seul entre les mortels il a la vision
Des choses à venir. Il est devin, prophète,
Et c'est de ses douleurs que cette vue est faite,
Car plus elle a souffert, plus l'âme a de grandeur
Et plus l'esprit qui voit atteint de profondeur ;
Aussi tout pénétré de sa longue science,
D'endurer tous les maux il a la patience ;
Il souffre tout, l'exil, la mort et la prison :
Car le temps, tôt ou tard, lui donnera raison.

XXXIX

Les Foyers perdus

Ah ! te voici, modeste et charmante maison,
Qui me fus maternelle en ma jeune saison !
                MAURICE OLIVAINT (Le Retour.)

I

Humble maison de mon enfance,
Comme il m'est doux de te revoir !
Soudain je crois en ta présence
Que tout mon passé recommence,
Le passé qu'on ne peut ravoir !

Quand j'aperçois dans le feuillage,
Parmi les hauts platanes verts,
Tes vieux toits rouges de qui l'âge
A fait ployer le long faitage,
Tes murs de mousse recouverts :

Lorsque, plus haut que tous les faites,
Je vois les deux palmiers jumeaux,
Qui, dans le ciel portant leurs têtes
Ont su braver tant de tempêtes,
Frères unis contre les maux ;

Quand j'aperçois sur ta façade,
Si blanche en un si vert éden
La courbe de ta svelte arcade,
Ton seuil, ton huis, la balustrade
Qui te sépare du jardin :

Et les lianes enroulées
Des vieux arbres aux vieux piliers,
Puis retombant échevelées,
Et les coins d'ombre et les allées
Aux longs détours si familiers ;

Quand je revois le clair vitrage
Versant le soleil dans la cour
Où j'ai passé tout mon jeune âge :
Lorsque mon œil plonge au passage
Dans la chambre où j'ai vu le jour ;

Alors un profond rêve emplit toute mon âme,
Alors je goûte, seul, en un unique instant,
Un bonheur âcre et doux, brûlant comme une flamme,
Et tel que l'homme un jour hors du monde en attend.

Alors, comme un croyant qui s'exalte et qui prie,
De ses rêves pieux voit se peupler son ciel,
De tous mes souvenirs j'emplis ma rêverie
Et le passé renaît et vient à mon appel,
Et le riant tableau de mes jeunes années
Des ténèbres du temps lentement exhumé,
Scène à scène revit, et dans ce cadre aimé
De tous mes chers absents les mémoires fanées
Se ravivent soudain ; leur groupe ranimé
Retrouve leurs aspects, leur geste accoutumé :

Voici la place où ma mère
Aux heures calmes du soir
Souvent aimait à s'asseoir.
Alors sa tête si chère
N'avait point cette pâleur

Qui de sa jeunesse en fleur
Marqua la saison dernière.
J'étais alors un enfant ;
J'avais l'âge où l'on épelle :
Je m'asseyais auprès d'elle ;
Longtemps son doigt patient
Guidait mes yeux sur la page
Où j'épelais ma leçon ;
De sa satisfaction
Un baiser était le gage.
Voici le coin de l'aïeul,
Où, gardant qu'il pût m'entendre,
J'accourais pour le surprendre,
Quand je l'y voyais tout seul.
Toujours indulgent et tendre,
Lors de grand cœur avec moi
Il riait de son émoi.
Il me contait mainte histoire
Où le rire avait sa part.
Après quoi, vers son armoire
Il m'entraînait à l'écart.
Et de quelque friandise
Régalait ma gourmandise.

Dans ce temps notre jardin
Etait vert comme un éden :
Des bordures embaumées,
Des pelouses parfumées
Montait comme un miel d'odeurs :
Mille changeantes haleines
Voltigeaient sur les verveines
Et sur les jasmins en fleurs ;
Une suave glycine
D'un rosier était voisine,
Tous deux mêlaient leurs couleurs :
Un peuple de violettes
Secouaient leurs cassolettes
Sous les pas des promeneurs.
L'orangerie en bordure

Epaississait sa verdure
Où se berçaient les fruits d'or ;
Tel qu'il fut je vois encor
Ce grand bois plein de mystères,
De ténèbres, de splendeurs,
Dont j'aimais avec mes frères
Explorer les profondeurs !

Ces beaux jours sont bien loin ! l'insatiable vie
Dévore sans merci nos plus heureux instants.
Nous voudrions parfois sur la route suivie
Pour goûter le bonheur fixer les pas du Temps :
Point de grâce ! il passe outre et rit de notre envie,
Et le bonheur échappe à nos vœux impuissants !
Mais tout n'est pas perdu : sachant notre misère
Le ciel voulut du moins tromper notre désir
       Et pour revenir en arrière
Il nous laisse un remède et c'est le souvenir.
       Maison natale sois bénie,
Toi qui gardes si bien tes airs des heureux jours,
       Qu'il semble à ma joie infinie
Que le temps m'a fait grâce et qu'ils durent toujours.
       Quand viendra ma dernière heure,
       Puissé-je avant que je meure,
Te retrouvant toujours telle que je te vois,
Te contempler encore une dernière fois :
       La mort me sera moins cruelle
       Si mon âme emporte avec elle
L'image du séjour sur la terre habité ;
J'en garderai là-haut la mémoire éternelle
Qui m'y réjouira durant l'éternité !

II

Je songe à vous tristes familles
Fuyant devant les conquérants,
Femmes, enfants et jeunes filles
Sans foyers par le monde errants.

Heureux, unis, hier encor
Vous possédiez ces doux foyers
Que le feu ruine et dévore
Et change en funèbres brasiers.

Hier la maison, la chaumière,
Témoin des bons, des mauvais jours,
Abritait sous son ombre chère
Vos soins, vos rêves, vos amours.

L'enfant des villes et le pâtre,
Riche et pauvre aux destins divers,
Chacun de vous avait son âtre,
Son tout, son petit univers,

Son nid peuplé de jeunes têtes,
De bouches roses, de fronts blancs.
Port assuré dans les tempêtes
Calme asile de ses vieux ans...

La flamme a lui : rien ne subsiste !
Adieu maison, chaumière, adieu !
Où vous étiez plus rien n'existe
Hormis un rouge tas de feu.

La ville est un désert de cendres,
Le hameau flambe dans la nuit :
Morne Champagne, ô tristes Flandres,
Quelle aube sombre sur vous luit !

Fuyards chassés de ces contrées,
Quels deuils sur vous et quels fléaux !
Hélas ! de vos âmes navrées
Qui donc pourrait compter les maux !

Craignant la flamme ou la torture,
A l'approche des hommes roux
Vous vous sauvez à l'aventure
Par les chemins droit devant vous,

Femmes, aïeuls, enfants, servante,
S'en vont sans pain, sans feu, sans lit ;
On voit dans leurs yeux l'épouvante,
La faim ronge leurs traits pâlis ;

Le fils en vain cherche sa mère :
L'enfant est mort qui vagissait :
Où sont l'époux, le fils, le père
Partis se battre ?   Dieu le sait !

III

Ah ! puisque rien sur cette terre
N'est plus à vous, infortunés :
Puisque partout sévit la guerre
Sur le sol où vous êtes nés :

Puisque telle est votre misère
Que vous n'y sauriez plus avoir
Même un autel, même une pierre,
Pour prier Dieu, pour vous asseoir.

Venez à nous ! grandes ouvertes
Pour vous, nos portes s'offriront :
Nos tables à vos mains offertes
De pain, de vin se couvriront ;

Venez à nous ! nos cheminées
Pour vous réchauffer flamberont,
Pour vous nos chambres étonnées
De nouveaux lits se peupleront

Que dis-je ? il vous faut d'autres choses,
Le cœur a ses besoins aussi :
Or, mille tendresses écloses,
Venez, vous attendent ici ;

Venez, ce n'est pas une aumône,
Ne craignez point notre pitié
De ce qu'on vous doit ce qu'on donne
N'atteint pas même la moitié.

Non, non ! devant votre indigence,
Martyrs, nous tombons à genoux :
Jamais notre reconnaissance
Ne se croira quitte envers vous :

Car si, parmi tant de ravages,
Heureux, nous fûmes épargnés,
C'est que les conquérants sauvages
Contre vous se sont acharnés :

Car si nos fermes, nos villages
Nos murs, nos foyers, nos cités
Echappent aux sacs, aux pillages
C'est que vos champs sont dévastés ;

Car si de bons manteaux nous couvrent,
Si nous avons encor du pain,
C'est qu'aux bises vos haillons s'ouvrent,
C'est parce que vous avez faim,

Et si, — chose cruelle à dire, —
En famille, parfois distraits,
Il nous arrive de sourire,
C'est que vous-mêmes vous pleurez.

(Janvier 1915.)

XL

Vergissmeinnicht

« Bah ! les Français ont la tête légère,
          Ils oublieront !
Chez eux la haine n'est qu'une étrangère,
          Pour eux l'affront
N'est qu'une peine et vague et passagère
          Au départ prompt !

« Qu'ils soient vaincus, que triomphent leurs armes,
          Au bout d'un an,
Ayant déjà pour sûr tari leurs larmes,
          Lavé leur sang,
Ils s'écrieront : « Peine, rancune, alarmes,
          « Allez-vous-en !

« Certes, ce fut une terrible guerre,
          « Et ces Prussiens
« Ont eu grand tort d'ensanglanter la terre,
          « Mais, trop anciens,
« Les maux d'antan ne nous touchent plus guère,
          « Chaque an les siens !

« Eh oui ! sans doute, ils ont été féroces,
        « Et jusqu'au bout,
« Pillages, viols, meurtres et coups de crosses,
        « Ils firent tout.
« Au souvenir de ces tourments atroces
        « Notre sang bout. »

« Mais, quoi ! toujours avec rage, avec peine
        « Se regarder ?
« Pourquoi vouloir perpétuer sa haine
        « Et s'attarder
« Dans les bouillons d'une colère vaine :
        « Assez bouder !

« Peut-on toujours d'une vieille rancune
        « Être occupés,
« Et dans les plis d'une haine importune
        « Rester drapés ?
« Sus à l'orgueil et nargue à la fortune :
        « Faisons la paix ! »

Non, Allemands ! perdez cette espérance,
        Perdez l'espoir
De voir encor vous pardonner la France,
        De jamais voir
Diminuer avec notre souffrance
        Notre devoir !

N'espérez plus pour vos crimes infâmes
        L'impunité,
Ni, vils bourreaux des enfants et des femmes,
        De charité.
Il vous faudrait pour émousser nos blâmes
        L'éternité !

De l'innocent toujours l'affreuse plainte
    Emeut le ciel ;
Toujours la honte obsède après la crainte
    Le criminel,
Et de Caïn la main toujours est teinte
    Du sang d'Abel !

De vos forfaits le temps garde la trace,
    Et l'avenir
Saura toujours, sur la sanglante place,
    Entretenir
Pour nos neveux la fleur rouge et vivace
    Du souvenir !

XLI

Les Rois

Aux bons prospérités, mais guerre aux mauvais rois !

A celui qui défend et qui maintient les droits
Du peuple dont la vie à sa garde est commise,
Qui dans la royauté ne voit qu'une entremise
Entre son peuple et Dieu ; modeste en sa grandeur,
Voit dans le sceptre d'or le bâton du pasteur
Guidant vers le bonheur le cher troupeau des âmes ;
Qui, disposant tout seul des pardons et des blâmes,
Dispense sa clémence et sa sévérité
Et selon la sagesse et selon l'équité ;
Qui, toujours père tendre et bon, quelquefois juge,
Est au puissant un frein, pour le faible un refuge ;
Qui, non content du sang dont il est descendu,
Est encor le plus grand de tous par sa vertu,
Si bien que, lorsqu'il vient à passer par la rue,
Une foule, à l'envi sur ses pas accourue,
L'accueille heureuse, avec ces mille bruits flatteurs
Que fait l'enthousiasme en s'échappant des cœurs,
Et que, tant sa belle âme attire à soi les âmes,
Tous les petits enfants, les vieillards et les femmes
Viennent à son passage en foule réunis
Et par sa blanche main veulent être bénis ;
Au gardien vigilant, au souverain auguste
Qui, ferme pour ses droits, mais pour ceux d'autrui juste,

Sincère en ses propos, loyal en ses desseins,
Tient toujours pour sacrés les droits de ses voisins,
Car, pourvu toutefois qu'au prochain il ne nuise,
Chacun doit être libre et peut vivre à sa guise,
A celui, prêtre saint et courageux soldat,
Qui sait quand le malheur sur son peuple s'abat,
Ou quand soudainement le spectre de la guerre
Parait sur l'horizon et franchit la frontière,
Qui sait, dis-je, à l'instant faire tête au danger
Et tenir en respect l'insolent étranger,
Et dès lors n'ayant plus qu'un souhait, qu'une envie
Pour laquelle il fera bon marché de sa vie,
Fait briller au combat, parmi ses généraux,
Le feu calme qui luit dans les yeux des héros,
Et, quand sur les périls d'une tête si chère
On veut le prévenir, repond : — Laissez-moi faire,
Je veux ma part des deuils et des calamités, —
A celui-là paix, gloire, amour, prospérités :
Son peuple heureux longtemps redorera sa gloire,
Et l'univers entier bénira sa mémoire.

Mais, quand par le hasard stupide couronné
Une espèce de fou d'un diadème orné,
Parce que près d'un trône il eut chance de naitre
D'un peuple tout entier ose se dire maitre,
Et, subordonnant tout à ses fantasques lois,
Renverse en un moment et foule aux pieds les droits,
La liberté, le vrai, les trésors d'espérance
Et vingt siècles d'effort et de persévérance :
Quand sur les maux publics, l'esclavage, le deuil,
Un tyran égoïste érige son orgueil,
Ou, bravant la pudeur y fait asseoir son vice,
Ayant la cruauté, la force et le caprice
Pour ministres, qu'on voit comme la nuit les monts,
La terreur obscurcir autour de lui les fronts,
Et, de là descendant sur la foule plaintive,
Faire d'un peuple libre une horde craintive ;
Lorsque, pour satisfaire à ses ambitions,
Au mépris des traités, des mœurs, des nations,

Un despote insolent, un fléau militaire
Ensanglante l'Europe et désole la terre,
Disant : « C'en est ainsi parce que je le veux :
Je tiens mon droit du trône et mon trône des dieux,
Je ne rends point de compte, et si je fais la guerre
C'est que c'est mon plaisir sans doute de la faire,
Ou bien mon intérêt, et je me moque donc
Du sang versé, des pleurs et du qu'en dira-t-on. »
    Ah ! quand un tel fléau, comme au temps où nous sommes,
Eclôt parmi les rois et sévit sur les hommes,
Il faut sans perdre temps lui mettre le holà
Et jeter au rebut cette majesté-là !
Peuple, prend ton poignard, ton fusil, ta massue,
De l'antre impérial assure chaque issue,
Et, bravant les soldats vendus, les courtisans,
Du désordre et du mal avant tout partisans,
Pénètre dans la chambre où le monstre se cache,
Aborde-le sans crainte, — un méchant est un lâche, —
Dis-lui : « Voici le temps de mes sévérités.
La coupe a débordé de tes iniquités.
C'en est assez. Choisis : la vie ou la couronne », —
Et, sans plus balancer, arrache-le du trône !

C'est que l'homme a mûri, c'est que nous sommes las
Des Claudes, des Nérons, et des Caligulas.
C'est que le temps n'est plus, rois, où vos turpitudes
Trouvaient pour les souffrir de mornes servitudes ;
Où la crainte régnait sur des troupeaux abjects
Et changeait en moutons les stupides sujets ;
Où de vils complaisants sanctifiant vos crimes
Etouffaient le scandale et les cris des victimes
Sous l'applaudissement : où de lâches sénats,
Purifiant vos mains de vos assassinats,
Quand vous réussissiez vous appelaient augustes
Et posaient sur vos fronts la couronne des justes :
Ces temps-là sont bien loin, les ténèbres ont fui.
La conscience humaine est majeure aujourd'hui.
Rien dans l'homme à présent ne saurait plus éteindre
La soif de l'idéal qu'il s'efforce d'atteindre :

Être libre, être juste, être bon, être vrai,
Voilà le but suprême et le devoir sacré.
La Révolution, cette grande tempête,
De tous les porte-sceptre illuminant la tête,
Fit voir simples et nus les trônes ténébreux,
Et son éclair terrible a resplendi sur eux.
L'éclair et la tempête ont passé, mais leurs flammes
Ont laissé leurs sillons immortels dans nos âmes ;
Depuis lors un ardent amour nous est resté
Du droit, de la justice et de la vérité.
Or, qui nous guidera vers notre pure étoile ?
Quel pilote prudent, tendant pour nous la voile,
Sur le chemin du vrai saura nous maintenir
À travers les écueils nombreux de l'avenir ?
Sera-ce le caprice aux mains de l'arbitraire,
Ou le glaive insolent d'un dément téméraire ?
Attend-on ce bienfait de la main des tyrans ?
Qui défend la justice, est-ce les conquérants ?
Or de notre idéal la justice est le faîte.
Nous haïssons ce vol que l'on nomme conquête
Où le Hun d'aujourd'hui, tout cuirassé de fer,
Pour lui saisir tout vif un lambeau de sa chair
Rôde autour du plus faible ainsi qu'un fauve en quête :
Lorsque de notre temps la guerre encore est faite
C'est pour se protéger contre un peuple Caïn
Qui sur un peuple frère ose porter la main.

Il est vrai, chaque peuple a ses mœurs, son génie
Sur lesquels sont fondés son bonheur et sa vie :
L'un bouillant et frondeur, épris de liberté,
Ne peut longtemps souffrir aucune autorité
Et pour se croire heureux doit vivre en république ;
L'autre sait tolérer le pouvoir monarchique :
Je l'accorde, chacun peut vivre à sa façon,
Mais ceci reste vrai : c'est qu'en toute saison
Et par tous les pays, ce sont présents funestes
Plus dangereux cent fois à coup sûr que des pestes
Que certains rois bourreaux de leur peuple, et larrons
Toujours prêts à porter la guerre aux environs.

C'est leur race surtout que fait pâtir leur glaive.
Le mal qu'on a semé tôt ou tard germe et lève,
Portant ce fruit amer qu'on nomme châtiment ;
Or sur le peuple, hélas ! retombent forcément
Les fautes de ses rois. Tout un siècle il expie
Quand ceux-là pour payer n'ont au plus qu'une vie.
Le despote souvent ne risque que l'honneur,
Le peuple avec le sien perd aussi son bonheur.
Car toute nation cessant d'être honorée
Se voit du même coup de haines entourée,
Qui, déjà dans la paix cherchant à l'isoler,
Dans la guerre seront promptes à l'accabler.
Tel est le châtiment réservé d'ordinaire
A toute nation félonne ou sanguinaire.

Et c'est pourquoi je dis que ce François-Joseph
Ou ce Guillaume Deux est un très mauvais chef.
L'un fourbe et criminel jusqu'en son agonie
Et l'autre s'abreuvant de son ignominie
Mènent leurs nations à l'abîme fatal :
Et c'est pour leurs sujets un devoir capital,
S'ils ne veulent pas être entraînés dans leur chute,
De se défaire d'eux sans perdre une minute ;
Ou bien, étant comme eux assassins et bandits,
Que leurs noms exécrés soient à jamais maudits !

Prussien, Autrichien, libre à l'un comme à l'autre
De faire ou renier leur devoir ; pour le nôtre
Sachons, peuples amis, jusqu'au bout l'accomplir.
Conduisons cette guerre au but sans défaillir.
Que toute nation dite civilisée
S'honore en s'employant à l'œuvre commencée.
Il faut en une fois, à tout prix, en finir.
Vaincre nos ennemis c'est sauver l'avenir.
C'est réduire longtemps le mal, la violence,
La cruauté, le vol, le rapt à l'impuissance,
Et faire triompher la justice et le droit
Seule sève vraiment par qui le progrès croît.
Nous voulons d'une paix franche sûre et durable

Qui fasse évanouir la menace exécrable
Des canons meurtriers à l'envi fabriqués,
Et sur les travailleurs traîtreusement braqués.
L'espèce humaine encor n'a que trop de misères.
Notre temps, nos efforts nous sont trop nécessaires
Pour que nous souffrions qu'en un jour renversés
Nos patients travaux soient ainsi dispersés.
Le soleil luit pour tous : la planète où nous sommes
Par cantons suffisants est départie aux hommes,
Et les peuples voisins, loin de se battre entre eux,
Chacun étant plus sage, y pourraient vivre heureux.
L'horizon est serein et le but est visible,
Mais comment le bonheur nous serait-il possible
Si le pouvoir d'un seul peut régler notre sort
Et vouer le progrès au recul, à la mort,
Et la terre se voir de pleurs, de sang trempée
Parce qu'un empereur a tiré son épée ?

FIN

www.ingramcontent.com/pod-product-compliance
Lightning Source LLC
LaVergne TN
LVHW021900170726
843503LV00003B/1315